사부작 사부작

사부작 사부작

초판 1쇄 인쇄일 2025년 12월 3일
초판 1쇄 발행일 2025년 12월 10일

지은이 주정순
펴낸이 양옥매
디자인 송다희 표지혜
교 정 정혜선
마케팅 송용호

펴낸곳 도서출판 책과나무
출판등록 제2012-000376
주소 서울특별시 마포구 방울내로 79 이노빌딩 302호
대표전화 02.372.1537 **팩스** 02.372.1538
이메일 booknamu2007@naver.com
홈페이지 www.booknamu.com
ISBN 979-11-6752-710-3 (03800)

* 저작권법에 의해 보호를 받는 저작물이므로 저자와 출판사의 동의 없이 내용의 일부를 인용하거나 발췌하는 것을 금합니다.
* 파손된 책은 구입처에서 교환해 드립니다.
* 주최: 거제시문화예술재단 주관: 주정순 후원: 거제시
* 본 도서는 2025년 거제시문화예술지원사업 「아트포유」 선정작으로, 거제시의 지원을 받아 진행되었습니다.

사부작 사부작

주정순 수필집

프롤로그

살아온 날들이
기억의 서랍 안에서
들락거리기도 하고
꽃처럼 소리도 없이
피었다 사라지기도 합니다.

내 안의 풍경과
길 위의 이야기와
물빛 같은 일상을
글 속에 담았습니다.

내 옆의 당신
이 땅의 모든
아가이자 어버이인
참 고마운 당신께 드립니다.

차례

프롤로그 5

1
사부작 사부작

느리게 살기 12

행운목 17

꽃물 21

밤의 소리 25

공갈밥도 밥이라 30

염좌 36

까마귀 날자 배가 41

기저귀를 차다 44

음치가 된 이유 49

정지된 하루 53

2

한 시간 반의 단상

진달래 60

아버지의 부엌 65

모티프 71

명복은 빌었나요? 76

송홧가루 날리면 81

한 시간 반의 단상 86

숨비소리 91

십 원의 대가 95

이런 인연이어서 고마워요 100

벽 106

3

여름 숲에서
나무의 노래를 듣다

매기의 추억 112

노다지 117

소풍 122

따분의 맛 127

여름 숲에서 나무의 노래를 듣다 134

보쌈담 140

작은아버지를 그리다 145

하자보수 152

권태가 지나간 자리 157

침묵 163

4

어쩌면 봄날일지도

직무유기의 변 170
전설의 시초 177
회복의 시간 180
그 시절 우리는 185
아버님의 의자 189
볼 빨간 당신 193
신경전 197
길들이기 201
구독자로서 207
내훈 213
어쩌면 봄날일지도 219

감사의 글 226

1

사부작 사부작

느리게 살기

행운목

꽃물

밤의 소리

공갈밥도 밥이라

염좌

까마귀 날자 배가

기저귀를 차다

음치가 된 이유

정지된 하루

─── 느리게 살기

　　보따리를 풀자 가을에 수확한 고추와 참깨 등속이 쏟아져 나온다. 한여름 뙤약볕보다 뜨거운 정성을 들인 농작물이다. 봄부터 밭을 갈고 한여름 잡초를 매는 손길이 알알에 담겼다. 물기를 머금은 도라지는 촉촉하고 갓 찧은 쌀도 따뜻한 온기 그대로다. 최고의 추석 선물이다. 선물이라는 말을 입에 올린 적 없으셔도, 주고만 싶은 부모님의 마음이면서 가족을 이어 주는 끈이다. 단순한 선물이 아니다.

　　껍질을 벗은 도라지의 속살은 희고 매끈한데 내 손은 퉁퉁 붓고 손톱 밑에는 새까만 흙물이 들었다. 웅크렸던 허리를 펴고 보니 텔레비전 앞에 신문지를 깔고 앉아 도라지에 집중한 시간이 두 시간이나 되었다. 김장을 비롯해서 홀로 두세 시간 동안 집중해야 하는 이런 일이 있을 때마다 미련퉁이가 바로 나구나 싶다. 이럴 때는 감히 인내라는 말은 못 쓰겠고, 참을성 지수가 높다고나 할까. 가끔 허리 통증이 도지는 것은 이런 일들의 후유증인 것만 같다. 힘은 좀 들어도 손질에 투자한 시간의 대가는 맛으로 보상받는다.

　　철 따라 공급되는 싱싱한 원재료들로 우리 집 식탁은 늘 푸른 초원이다. 갓 따온 채소들의 싱싱한 맛을 원 없이 즐긴다. 경제활동을 해서 그 소득으로 편하게 사 먹으면 될 텐데도 이런 사소한 일을 놓지 못해 잡다한 집안일이 많다. 마트의 손질된 포장 채소로 간편하게 사는 주부들을 볼 때는 '너 왜 이러고 사니?' 자문하기도 한다. 살림살이에 길이 든 것인지, 할 수 있는 일이 없는 무능력자인 건지 잘 모르겠다. 삶의 형태를 선택해야 한다면 시간을 쪼개고 쪼개 바쁘게 사는 일보다 느긋하고도 여유 있게 살고 싶으니, 무능력자임을 스스로 증명한 셈일까.

봄이면 마늘로 장아찌를 담고, 여름이면 바구니 가득 따온 깻잎을 삭혀 나누어 먹는다. 몇 시간씩 마늘을 까고 단촛물도 정확한 비율의 농도로 만들어야 한다. 마늘이 삭으면서 내는 냄새도 오래 맡아야 하고, 장독 관리도 해야 한다. 관심과 정성이 필요한 일이다. 주말이면 팔순을 넘긴 시부모님의 농작물 수확에도 참여해야 하니, 지극히 아날로그적인 생활에도 꽤 비싼 먹거리를 먹는 셈이다.

깨를 씻어 불순물을 제거하고 물기 없이 말리는 과정을 거친다. 속이 깊은 팬에 넣어 볶으면 온 집 안에 고소한 냄새가 밴다. 아이들은 엄마가 집에서 한 일을 다 알고 있다는 듯 달려든다. 옛날에 내가 그랬던 것처럼 아이들도 한 움큼의 깨소금으로 고소한 맛을 즐긴다. 그리고 끝없이 재잘댄다. 이렇게 소소하고 잔잔한 일상이 이어질 때, 내 마음 안에는 온기가 햇살처럼 번진다.

  주방에서 일어나는 사소한 일 외에도 기계를 이용하거나 사 오면 더 빨리 해결될 일을 직접 하는 경우가 많다. 손빨래는 생활 속 스트레스를 씻어 내리고 빵을 구울 때는 맘껏 재주를 부려 볼 수 있어 좋다. 가끔은 중국집 주방장이 될 때도 있다. 호기심으로 시작해 수타면을 뽑은 적도 있으니 뭐든 직접 해 보고 싶어 손이 간질거린다. 이렇게 사는 이유를 묻는다면, 손끝에서 무언가 창조되는 즐거움과 손빨래 뒤의 개운함을 즐긴다고 할 수 있겠다. 주로 오후에 빵을 굽는 것은 아이들이 학교에서 돌아왔을 때 따뜻하고 향긋한 온기로 맞이해 주고 싶어서다. 빠르고 섬세한 손재주를 집안일에만 발휘하며 살고 있으니, 이는 어쩌면 내 안에 남아 있는 원시성 때문일 수도 있겠다. 현대 생활 백서에 맞춰 탄력 있는 생활을 하는 사람들은 이런 나의 생활 방식이 답답할 것 같기도 하다.

  동년배의 이웃 주부들 중에는 직장인이 더러 있다. 이들은 퇴근 후 아이들의 공부를 봐줘야 하기에 저녁밥은 배달을 시켜 먹는다고 한다. 전업주부들이 정성을 들이는 일들을 하지 않고도 잘 산다. 청소는 주말에 남편과 아이들의 몫으로 남겨 놓는다. 안팎으로 힘든 그녀들에게 아껴야 할 것은 시간이다. 시간 관리를 잘해서 두 마리 토끼를 다 잡은 그녀들은 전업주부의 기를 죽이기에 충분하다. 슈퍼우먼 시대를 지나 두 개의 심장과 여덟개의 팔다리를 가진 '멀티 퀸'이라 불릴 만하다.

가족들에게 배달 음식을 먹이고 살림이 정돈되지 않아도 만족하기만 한 이웃들을 보면 혼란스러울 때도 있다. 집안일은 잡다한 일에 불과하다는 자조와 가장 근본적인 일이라는 양가 감정 사이에서 갈등할 때도 있다. 전업주부가 집에서 하는 일은 시간 대비 경제성이 낮으니, 시간이 아까운 일이 되어 가고 있는 것도 사실이다. 몇 시간째 도라지 껍질을 벗기고 앉아 있는 나를 본다면 그들은 무슨 표정을 지을까.

시간을 직장 일과 가사로 나눌 필요가 없는 나에게는 느릿한 나의 시간만 있다. 소는 느리지만 느린 것이 곧 소의 힘이듯, 느리고 단순하게 나답게 살고자 한다. 사회적으로 인정받지 못해도 내 보폭의 크기 안에서 효과를 높이고 싶다. 세상의 흐름에 편승하기보다는 그윽하고 자연스럽게 시간에 쫓기지 않으면서 여유롭게 내 삶에 정성을 들여야겠다.

"엄마는 요즘 주로 무슨 생각을 하세요?"

"인자하고 멋있는 할머니가 되는 방법을 연구하는 중이지~"

무심한 대답을 하고 보니 의도하지 않아도 가야만 하는 정해진 길이 보인다. 그 길은 받아들여 즐겨야 하는 길이다. 정해진 길을 거부할 수 있는 능력까지 갖추고 자신의 인생이 중요하다고 말하는 사람들, 그들 옆에 서면 작아질 때도 있지만 기꺼이 받아들이려 한다.

이십 대 초반에 어머니가 돌아가시고 심경의 변화가 크게 온 적이 있었다. 어디에 닿을지 모르는 불확실한 미래가 두려웠고, 노력하고 뛰고 또 뛰어도 결국 제자리걸음을 걷는 인간의 삶이 그려졌다. 그 나이에 품을 수 있는 근원적인 희망들을 내려놓으며 순리대로 살고자 했다. 어느 날 내 옆의 사람이 사라질 수 있다는 허무감은, 주변을 살피면서 조용히 내 삶을 조율하며 살아야겠다는 의지로 바뀌었다. 그리고 지금까지 가슴에 밝힌 등불 하나를 지키며 살아가고 있다. 시대에 뒤떨어진 듯 모자란 듯 사부작 사부작 느린 걸음을 한다.

행운목

　　시댁에는 나무나 화초가 많지 않았다. 마당가의 채송화와 담장 아래의 맨드라미가 피고 질 뿐 멀리서 보면 나무 한 그루 없이 삭막했다. 이러한 시댁의 거실에 행운목이 편입된 건 2년쯤 전의 일이다. 어머님(김수임, 1926.12.18.~2017.6.22.)의 친정 조카로부터 분양받았으나 이름은 모른다고 하셨다. 이 이름 없는 화초는 세 장 정도의 작은 잎사귀를 난처럼 펼치고 있었다. 외양으로 보아 행운목이었다. 시댁의 거실에 자리 잡은 유일한 화분이었다. 잘 자라는가 싶더니 올 초부터 윤기를 잃어 가고 있었다.

　　지난여름, 텃밭으로 향하던 발길이 멈추어 선 곳은 버려진 이 화분 앞에서였다. 남새밭 귀퉁이에 버려진 행운목은 잎사귀가 노랗게 타들어 병색이 완연했다. 살려 달라는 듯 헐떡이며 마지막 숨을 몰아쉬는 형국이었다. 실내 화초가 가진 싱그러움은 하나도 남아 있지 않았다. 흡사 채반 위에 널린 가을날 호박고지 같았다. 버려진 행운목을 들고 들어서는 내게 어머님은 "다 죽은 걸 뭐 하러 들고 오노? 내 밥 챙기 묵기도 귀찮으니 일거리 늘리지 마라." 하셨다. 잘 키워서 가져오겠다는 며느리의 제안에도 손사래를 치셨다.

 평생 농사일을 하며 살아오신 여든 살의 어머님께 메말라 가는 화초를 살리는 길은 비료를 주는 것이었다. 농작물처럼 비료를 맞은 난의 잎사귀는 점점 말라 갔고, 비료가 효험이 없자 화분을 통째로 버리고 만 것이다. 남새밭에 뒹굴면서도 화분이라는 겉옷을 입고 있었기에 수분은 어느 정도 유지됐던 것 같았다. 회색의 낡은 화분은 테가 깨지고 군데군데 균열까지 있었다.

 물을 주어도 화분과 나무가 분리되지 않았다. 일체가 된 화분을 두들겨 나누어 보니 화분 속에 흙은 한 점도 없고 길게 자라 엉킨 뿌리만 속을 채우고 있었다. 말라서 노랗게 변해 버린 잎들을 벗겨 냈다. 왜소해서 볼품이라고는 없었다. 잘린 뿌리 위로 떡잎 같은 파란 싹 한 장만이 덩그러했다. 이것이 제대로 살아날까 하는 걱정은 살아나기를 바라는 간절한 마음이기도 했다. 잘 살려 키워 오겠다고 했으니 꼭 살려야 했다. 부엽토와 마사를 섞어 담은 새 화분에 심어 주었다. 앙증맞은 소품이 되었다.

 그러한 연유로 우리 집에 온 행운목은 잘 자라고 있다. 그동안 일곱 장의 잎이 새로 나왔다. 키도 자랐고 잎사귀에는 윤기가 반지르르하다. 토실토실하게 살이 오른 아기 같다. 자라나는 행운목을 보는 일은 요즘 나의 즐거움 중의 하나이다. 행운을 가져다준다는 나무의 뜻처럼, 행운목이 잘 자라 꽃을 피우면 우리 집에도 어떠한 행운이 찾아올 것만 같다.

행운이 어쩌다 찾아온 좋은 일이라면, 행복은 소소한 일상이 주는 편안함일 것이다. 행운이란 내 의지와 상관없이 삶의 결과로 나타날 것이고, 행복도 삶의 자세일 뿐 누군가가 가져다 안겨 줄 수는 없다. 그런데도 행운목을 볼 때마다 우리 집에 깃들 행운을 기대하게 된다. 요행이 아닌 진짜 행운으로 올 그것은 어떤 모습으로 올까.

화초를 키우는 즐거움 중의 하나를 꼽아 본다면 내가 원하는 대로 자라 준다는 것이다. 뿌리와 가지를 잘라 가며 크기로 조절하고, 잎사귀를 손질하는 소소한 가꿈의 기쁨이 크다. 실내 화초는 집 안 장식과의 어울림도 고려해야 하므로 정성을 더 들이게 된다. 화초뿐이겠는가. 모든 결과는 정성을 들인 만큼 나타난다.

연륜이 쌓이면서 마음 조절이 쉬워지고 살림살이도 날로 늘어났다. 그러나 아이들의 문제만큼은 내 뜻대로 되지 않는 어려움 중의 하나다. 아이들이 뜻대로 정형화되어 자라 주지 않는다는 것을 알면서도 잘 가꾸어진 나무처럼 키우고 싶어 안달하고는 했다. 무지를 깨닫게 된 것은 화초를 통해서였다. "아이 두고 큰소리치는 거 아니다."라는 인생 선배님들의 조언을 절감하며 조바심 냈던 마음을 접었다. 아이들은 자신들의 생각대로 자유롭게 잘 자랄 것이고 나는 아이들의 의지를 믿는다. 어머님의 행운목이 작은 행운을 가져왔다고 본다면, 내 마음에 생긴 작은 변화도 행운이라고 할 수 있을까.

 어머님의 뜻에 따라 시댁으로 돌아가지 못한 행운목은 우리 집의 대표 화분이 되었다. 집 안으로 들어설 때 맨 먼저 보이는 곳에 자리 잡고는 어머님과의 이야기를 되새기는 추억의 나무가 되었다. 이름값을 하고 있으니 행운목답다.

꽃물

한 잎 한 잎 꽃잎을 딴다. 빨강 분홍 흰색의 꽃과 잎사귀까지 구색 맞추어 딴다. 작은 대소쿠리에 봉숭아가 풍년이다. 아이는 이즈음이면 봉숭아 타령을 한다. 연례행사가 된 지 이십여 년이다. 이제는 제 손으로 할 때도 되었건만 어미의 손을 빌리려 한다.

씻어 놓은 꽃잎 위에 물방울이 맺혔다. 영롱한 보석이다. 물기를 머금어 싱싱해진 꽃잎이 건강하게 일어선다. 윤기를 잃어 퍼석한 피부를 가진 나를 꽃이 본다. 꽃잎과 눈을 맞추는 민망한 순간, 나는 보았다. 그 속에서 빛나는 촉촉한 내 모습을. 윤기 나는 시절이 내게도 있었던가. 꽃잎과 마주 보며 돌아온 청춘을 즐긴다. 줄기를 잃어도 저리 싱그러울 수 있으니 꽃이라 불린다. 꽃대를 잃었어도 꽃은 꽃이어서 투명한 유리 접시에 띄워 오래오래 감상이라도 하고 싶다.

아이의 손톱은 제 어미 손톱 면적의 반밖에 되지 않는다. 작아서 앙증맞은 손톱 위로 꽃 모양을 잃어버린 봉숭아가 올라앉는다. 열 손가락을 비닐로 칭칭 감은 아이는 두 팔로 만세를 부르다 잠이 들었다. 자는 모습도 꼭 아기 같다. 아이는 유년기부터 유난히 봉숭아꽃 물들이기를 좋아했다. 꽃물도 화장품 가게에서 손쉽게 살 수 있다는 이모의 귀띔에도 불구하고 저는 엄마가 해 주는 것이 좋단다.

여름이면 아파트 화단에 봉숭아가 핀다. 옆을 지나칠 때마다 김장철을 맞이하는 마음이 된다. '올해도 예쁘게 들여야 할 텐데.' 꽃을 따는 일은 웬만큼 두꺼운 얼굴이 아니고서는 하기 어렵다. 더군다나 중년의 아낙이 아파트 화단을 기웃거리다 꽃잎을 따는 일은 참으로 면목 없는 일이다. 이렇게 민망한 일을 해낸 보상은 즐거웠던 한때의 기억으로 남는다.

유년의 마당 가에도 봉숭아꽃은 피었다. 또래들이 손톱 끝을 발그레 물들일 때 내 마음에도 덩달아 꽃물이 드는 듯했다. 넓적한 돌 위에 꽃잎을 얹고 돌멩이로 찧었다. 으깬 꽃 반죽을 조심스레 손톱 위에 얹었으나 오래 머물 수가 없었다. 사랑이 뭔지도 몰랐고 사랑이라는 말을 입에 올려 보지도 않았지만, 꽃물이 오래가면 첫사랑이 이루어진다는 속설을 믿어 보려 했다.

금방 물이 빠져 희미해지던 손톱은 가을이 오기도 전에 제 색을 찾았다. 사랑이라는 수줍은 단어는 더 멀어져 갔다. 붉은 손톱을 오래도록 가졌던 친구들의 밝은 미소를 생각하면 첫사랑이 이루어진다는 말은 속설이 아닌 듯하다. 손톱 끝을 물들이고 사랑을 꿈꾸는 여성스러운 마음을 이성이 왜 몰라보겠는가. 그런 마음들이 모여 세상을 붉게 물들인다는 것을 일찍 알지 못했다.

아이는 서너 살쯤 봉숭아 꽃물을 처음으로 들였다. 시골 동네 어귀에 지천으로 피어 있던 봉숭아를 따와 손톱을 물들인 것은 놀이를 통해 식물이 가진 다양성을 보여 주고 싶어서였다. 아이들의 백과사전 같은 존재가 되고 싶었던 새내기 어미의 열정이기도 했다. 예쁜 것을 보여 주고자 한 일이 아니었는데도, 해마다 피는 꽃을 보며 아이는 손톱을 물들이고 싶어 했다. 아이에게 봉숭아는 울 밑의 수줍은 봉선화가 아닌, 그저 맑고 예쁜 색깔의 꽃물이었다.

봉숭아가 흐트러질까 잠자리가 불편했던 아이는 눈을 뜨자마자 봉숭아를 벗겨 낸다. 손톱 끝에 작은 여름이 매달렸다. 물든 손톱이 열 송이의 꽃으로 피었다. 자신의 마음 가꾸기에도 버거워하는 아이에게 부모의 사랑과는 다른 새로운 사랑이 찾아올지, 은근한 기대를 해 본다. 엄마의 손톱을 물들이고 싶었던 아이의 오랜 염원은 올해도 비켜 갔다. 절대 손을 내밀지 않는 나와 실랑이하던 아이는 덥석 발목을 잡아끈다. 빻어 놓은 꽃반죽을 제 어미의 발톱 위에 다소곳이 올려 주었다.

비닐이 감싼 발로 뒤뚱거리며 불편한 저항을 하면서도 내

심 즐겁다. 일 년 만에 천연 화장을 한 딸의 손톱과 어미의 소심한 발가락 화장만으로도 집 안에 생기가 돈다. 어린 날 알지 못하고 지나쳤던 감정이 되살아나 자꾸만 발가락으로 눈길이 간다. 발가락 끝의 꽃물이 몸을 향해 오르더니 마음에도 번진다. 색으로 남은 꽃잎들의 난무 뒤로 노을이 물들고 있었다.

——— 밤의 소리

두런거리는 소리에 잠이 깨고 말았다. 방향을 알 수 없는 낮은 소리가 가늘게 이어지고 있다. 부부간의 대화인지 부모와 자식 간의 대화인지 분별하기 어렵다. 낮으면서도 길게 이어지는 소리는 뭔가 중요한 일이 일어났거나, 일어날 것만 같은 긴장을 불러일으킨다. 잠들지 못하고 밤을 새우는 저들의 소리와 밤에도 끊이지 않고 달리는 자동차 소리가 묘한 조화를 이룬다.

뒤척이다 결국 잠을 깨웠다. 어두운 창가에서 올려다본 밤의 바다가 손바닥만 하다. 하늘이 건물 사이의 좁은 면적에 불과하니 별도 달도 보이지 않는다. 이렇게 좁은 하늘에서는 밝은 달을 볼 기회도 많지 않을 것 같다. 콘크리트 건물 위에 둥근 달을 그려 넣어 본다. 도시가 달빛에 잠기는데도 밤의 소리는 끊이지 않는다. 잠들지 못하는 밤이다.

이 밤에 한 여자가 생각난다. 소극장 무대 위에서 말없이 술잔을 기울이던 여자는 달빛이 "허벌나게 밝다"며 허공에 대고 읊조렸다. 자신을 향한 손가락질을 배짱 하나로 받아내고, 밤만 되면 한없이 약해져 술잔을 드는 여자였다. 세상을 향한 냉소와 남자에 대한 애증으로 점철된 넋두리를 통해 여자의 신상이 드러났다.

〈늙은 창녀의 노래〉는 양희경의 모노드라마로 전국 순회공연 중에 만났다. 순진무구하기만 했던 어린 여자는 친절을 베풀어 준 유부남과의 인연을 거쳐 늘그막에 뒷골목 붙박이 신세가 된 사연을 들려준다. 가난이 싫었고 더 넓은 세상이 보고 싶어 고향을 떠났지만, 지금은 노쇠한 데다 아무도 찾아주는 이 없어 외로운 여자다. 그녀는 마음 깊은 곳에 첫사랑을 품고서 노래를 불렀다.

열아홉 꿈꾸는 나이로 보리밭 이랑에 앉아 나물을 캤지라. 보리밭이요, 나물만 푸르렀간디 가난하지만 때 묻지 않은 내 웃음도 푸르게 눈부셨지라. 안즉 누구에게 보인 적 없는 젖가슴은 이랑 이랑을 메울 듯이 터지게 부풀었지라.

호남선 종착역 히빠리 골목에 적을 둔 늙은 작부의 메마른 독백이 달빛 아래서 푸르게 빛나던 밤이었다. 공연을 관람하고 나오며 올려다본 하늘에는 우연하게도 둥근 달이 떠 있었다. 달빛이 비춰 주는 길을 따라 집으로 온 기억이 있다.

이후 가끔은 달을 올려다보게 되었다. 달을 바라본다는 것이 순수한 마음의 표현이라는 것을 그 뒷골목 여인이 가르쳐 준 셈이었다. 마음이 허해서 떠도는 사람을 보면 남 같지 않고 살붙이처럼 느껴진다던 그녀를 통해 직업이나 차림새로 사람을 평가하는 색안경을 조금씩 벗게 되었다. 아카시아 향이 창을 넘거나 달빛이 거실 깊숙이 들어오는 밤이면 홀로 달맞이를 했다. 그럴 때마다 "달도 허벌나게 밝다"던 그녀의 독백을 따라 하는 재미가 있었다.

창가에서는 달을 보지 못했어도 옥상의 하늘에는 달이 떠 있을 수도 있다. 가로등 불빛으로 인해 그 빛을 제대로 밝히지 못하더라도 소명대로 세상을 비추고 있겠다. 예술작품이나 문학작품 속에서 만나는 달빛을 오래도록 기억하는 것은, 작품 속 수백만 년 전의 달이 지금도 변함없이 그대로 빛나고 있어서다.

문학작품 속에서 만난 또 다른 여자가 생각난다. 구석기 시대 원시 부족 여인들의 숙명적 삶의 궤적을 그린 『세상의 모든 딸들』에 등장하는 '야난'이다. 광활한 대평원 위를 비추는 달빛 아래로 신음과 피비린내가 번지는 가운데, 야난은 아이를 낳으며 죽어 간다. 대지를 덮은 달빛이 야난의 죽음을 장엄하게 애도한다. 멀리서 짐승의 울음소리가 들린다. 세상의 모든 딸은 이렇게 죽어 간다는 어머니의 말을 떠올리며, 야난은 쓸쓸하게 생을 마감하고 소설은 끝을 맺는다. 어둠의 빛 속에서 탄생과 죽음이 엇갈리는 마지막 장면은 생의 희로애락을 압축한 듯 급박했다. 이렇게 고조된 긴장의 현장을 차분하게 가라앉혀 준 것은 교교한 달빛이었다.

자연의 빛은 천년의 빛이다. 생명을 가진 모든 것은 햇빛은 물론 달빛과 별빛에 의지해 살아간다. 만물을 여물게 하고 상처를 만져 주는 고마운 빛이다. 어둠 위에 존재하는 달이 어쩐지 나만 보고 있다거나, 온 세상을 밝히는 빛이 나만을 위해 존재하는 것 같은 착각을 불러일으킬 때가 있다. 지치고 고단하고 불길같이 비분강개했던 마음도 밤이 잠재워 주니 달빛은 치유의 빛이기도 하다. 어둠과 휴식이라는 밤의 바다를 건너 스스로 치유하고 안식하며, 우리는 다시 일어설 힘을 얻는다. 꽃과 계절이 원환적 시간 안에서 돌고 돌듯이 부활을 거듭하는 것이다.

별빛과 달빛이 보는 사람의 것이듯, 달빛 아래로 얇게 스미는 소리도 듣는 사람의 것이다. 어둠과 조화를 이룬 소리는 그것이 사람들의 넋두리일 때 밤의 소리로서 효과가 더 좋은 것 같다. 두 예술작품이 오래도록 여운을 남기는 이유다. 벽을 타고 오르는 소리는 새벽이 가까워도 그칠 줄을 모른다. 무엇일까. 저들이 잠들지 못하는 이유는. 내용도 모르면서 분위기에 젖은 채 새벽을 맞는다. 밤이 산을 넘고 바다를 건너가자 아침이 왔다. 밤의 소리가 사라졌다.

공갈밥도 밥이라

채 오르지 못한 안개가 산 중턱에 걸렸다. 마치 흰 머리카락을 길게 내린 도사의 풍모 같다. 밤새 내린 비의 흔적이기도 하다. 골짜기의 안개는 점점 무리를 이루더니 곧 장관을 이루었다. 누군가 저 깊은 산속 골짜기에서 연기를 피워 올리고 있는 것 같다. 금정산의 안개를 보는 것은 흔한 일인데도 볼 때마다 상상은 나래를 편다.

저녁에 씻어 놓았던 잡곡을 꺼내 전기밥솥에 앉히고 취사 버튼을 누른다. 밥이 익기를 기다리며 다시 금정산을 본다. 안개는 조금 전보다 더 많이 피어오르고 있다. "취사가 끝났습니다." 밥물 한 방울 흘리지 않고 우아하게 증기만 날리던 밥솥은 목소리도 정갈하다. AI 기술의 과잉 서비스를 받으며 준비해 두었던 재료로 국을 끓인다. 2인분의 국은 찻물을 끓이는 시간이면 충분하다. 국이 끓는 사이 수저를 놓고 냉장고에서 반찬을 꺼내 상을 차린다. 상을 차리는 일이 쉬워졌다. 영양소를 골고루 갖춘 반찬들이 예쁜 접시에 꽃으로 핀다.

함치르르하게 머리를 빗겨 넘긴 아이는 얼굴에서도 윤이 난다. 꼿꼿하게 식탁에 앉더니 입맛이 없다는 등의 투정 끝에 밥을 남기고는 집을 나섰다. 늘 밥을 남기는 아이다. 스스로 밥을 먹기 시작할 때부터, 차려진 음식은 다 먹어야 한다는 훈계에 부담을 느낀 아이는 아빠의 지지를 등에 업었다. 억지로 먹으면 탈이 나니 먹기 싫으면 그만 먹어야 한다는 아빠의 말로 합리화하며 엄마의 배를 살찌워 준 아이다. 더 어렸을 적에는 어련무던한 아이였는데 요즘 들어 까칠한 일면을 자주 보인다.

잡곡을 더해 화려해진 밥은 보기에도 좋다. 문명의 압력으로 지었으니 맛이 좋을 수밖에 없다. 밥을 짓는 수고도 없이 한 상 가득 차려진 식탁에 말이 사라졌다. 무거운 침묵이 흐른다. 품격이 높아진 밥을 앞에 놓고 앉았는데도 마음에는 한 가닥 빗금이 내린다. 꾸역꾸역 밀어 넣은 밥알이 입속에서 겉돌더니 목에도 걸린다. 식어 버린 국물로 밀어 내린다. 아이도 이런 마음이었을까. 바라볼 대상이 없는 눈길이 다시 금정산으로 향한다. 저 골짜기 사람들은 아침밥을 먹었을까! 금정골 어느 초가의 좁고 허름한 방, 원반에 옹숭그리며 둘러앉은 식솔들이 눈에 보이는 듯하다.

이제는 시대극에서나 볼 수 있는 기억 저편의 아버지는 독상을 받으셨다. 고추장과 간장 종지가 더 갖춰진 것 외에는 다를 것이 없었는데도 힐끔거리며 아버지의 밥상을 넘보기도 했다. 둥근 밥상에 둘러앉은 아들 셋은 각자의 밥그릇이 있었지만, 두 딸은 어머니와 함께 양푼에 퍼 담은 밥을 나누어 먹었다. 미리 푹 삶아 놓았던 보리쌀을 얇게 깔고 그 위에 쌀을 얹어 밥을 지으면, 보리쌀은 누룽지가 되고 얹힌 쌀은 찰진 고슬밥이 되었다. 텃밭에서 가꾸는 나물들로 차려진 소박한 반찬은 계절에 따라 달라졌을 뿐 늘 한결같았다. 아버지의 반찬이 자식들의 상으로 건너오기도 했다. 새벽부터 아궁이에 솔가지를 피우며 밥을 지었던 어머니와 그 딸들의 매웠던 날들을 회상하는 사이, 금정골 어느 집의 밥 짓기도 끝이 나나 보다. 안개가 점점 엷어진다.

반찬이 없거나 혼자일 때도 밥은 언제나 달았다. 두둑한 포만감에 만족했다. 맛있게 먹어 주는 가족이 옆에 있는 것은 당연한 일이었다. 아이들이 자라서 집을 떠나게 되는 것도 먼 훗날의 일이었다. 아옹다옹 소꿉놀이하듯 살아온 시간은 어제의 일처럼 선명한데 어느새 옛일이 되었다.

네 식구가 흩어졌다. 큰아이는 대학 진학을 위해 다른 도시로 떠나고, 작은아이는 고등학생이 되면서 이 도시로 왔다. 아이의 생활을 돕기 위해 따라온 나는 함께 지내고 있다. 남편은 혼자 집을 지키며 직장에서 세끼의 밥을 먹는다. 남편과 기숙사 밥을 먹는 큰아이는 아침을 잘 먹었을까. 하나 마나 한 생각을 한다. 집을 떠난 아이는 통화를 할 때마다 엄마가 해 준

밥을 그리고, 주말에 만나는 남편은 두 공기의 밥을 먹고도 아쉬운 듯 수저를 내려놓는다.

아이들이 초등학생일 때, 김치가 맛이 있었던 작은 아이는 "언니가 나중에 결혼하면 나한테 이렇게 맛있는 김치 좀 담가 주라."라며 혀 짧은 소리를 했다. 큰아이는 결혼도 안 하고 김치도 안 담근다며 목에 힘을 주더니 한술 더 떠, 동생더러 맛있게 담가 저한테 달란다. 딸들이 주고받는 이야기를 들으며 결혼은 하지 않아도 김치는 담글 줄 알아야 한다고 참견을 했던 것 같다. 언니의 무뚝뚝한 대답에 머쓱해지던 작은아이의 표정이라니. 우리는 그렇게 식탁에서 투닥거리기도 하고 티키타카 하기도 했다. 무슨 음식이든 맛있게 잘해 내고 싶어 요리책 보기를 즐기던 날들이었다.

혼자 밥을 먹는 시간이 늘어나면서 네 식구가 티격태격하며 밥을 먹던 그때를 자주 떠올리게 된다. 대화랍시고 꺼냈던 말에 핀잔이 꽂혀 되돌아오고, 웃음이 터진 입에서 나온 밥알이 식탁 위를 구르기도 했다. 아이들이 이해하기 힘든 말을 꺼내 원성을 살 때마다 가정교육은 식탁에서 이루어진다는 말로 합리화했던 것 같다. 밥상머리 훈계가 공염불이 되지 않기를 바랄 뿐이다. 무미건조한 식탁에 앉고 보니 오늘따라 유난히 네 식구가 함께 밥을 먹으며 다져 온 시간을 돌아보게 된다. 그 시간은 한겨울에 먹는 따끈한 찐빵처럼 오감을 채워 주는 시간이었다. 어쩌면 밥심이란, 먹는 양보다도 함께한 시간의 비중을 말하는 것인지도 모른다.

'공갈'이라는 이름을 가진 빵이 있다. 보기에는 한 끼 식사 정도는 될 것 같지만 속이 텅 비었다. 베어 무는 순간 푸석하게 주저앉고 마치 자갈을 씹는 듯 거친 식감을 준다. 허기를 채우기에는 부족한 듯 보이는데 씹을수록 맛이 깊어지는 빵이다. 혼자 먹는 밥이 겉돌며 흩어지니 마치 공갈빵을 먹는 것 같다. '내가 공갈밥을 먹고 있구나.' 단맛이 날 때까지 우직하게 씹는다. 씹을수록 맛나고, 시간이 지날수록 포만감이 더해지는 공갈빵처럼 든든하게 뱃속을 채워 주리라. 꾸역꾸역 먹는다.

수저를 내리고 싶은 마음을 참으며 다시 수저를 든다. 밥을 먹기 위해 반찬을 먹고, 반찬을 먹기 위해 또 밥을 떠 넣는다. 푸석이며 겉돌던 밥을 넘길 수 있었던 것은 추억이라는 묵은 짠지 덕이었다. 추억을 반찬 삼으니 공갈밥에도 맛이 더해진다. 찰진 밥맛이 아니어도 몸속에서 일어나는 화학반응의 힘으로 하루를 거뜬히 보낼 수 있었으면 좋겠다. 밥은 힘이요 공갈밥도 밥이지 않은가.

흐린 하늘에 해가 비치더니 안개도 사라지고 금정골의 밥 짓는 연기도 사라졌다. 꿈인 듯 찰나인 듯 한바탕 도깨비놀음도 끝이 나고 금정산 신록이 햇빛 아래서 눈이 부시다. 식구들에게 문자라도 보내야겠다. 밥 잘 챙겨 먹으라고. 그러면 딸들은 '밥순이 우리 엄마 또 밥 타령이네.' 할 것만 같다.

――― 염좌

　　설을 지낸 첫날, 오빠로부터 연락이 왔다. 막상 연락이 오니 망설여졌으나 새해 벽두부터 포기할 수가 없었다. 따뜻한 아랫목을 뒤로하고 남편을 깨워 산으로 향했다. 산행으로 한 해를 시작해 보자는 제의를 먼저 해 두었던 터였다.
　　금정산을 훤히 알고 있는 오빠는 처음으로 함께 한 산행이라 그랬는지 금정산의 여러 코스를 가르쳐 주고 싶어 했다. 올라갈 때는 완만한 코스였으나 내려오는 길은 경사가 심했다. 내리막길의 위험을 새삼 느끼며 저만치 앞서가는 두 남자의 뒤를 따랐다. 앞서가는 두 남자는 신발에 바퀴를 달았거나 마치 내기라도 하는 것 같았다. 숙녀에 대한 배려도 보이지 않았다. 잘 따라오는지 확인이라도 하는 듯 번갈아 가며 흘끔흘끔 뒤돌아볼 뿐 달리듯이 하산을 하고 있었다. 그 길에서는 차라리 뛰는 편이 더 나을 것 같기도 했다.
　　금정산은 마사 토질이라 자칫 잘못하면 미끄러질 수 있어 여간 조심스럽지 않았다. 모처럼의 산행에다 경사도 심하니 다리도 심하게 후들거렸다. 쉬다가 앞선 사람과의 거리가 멀어지는 것도 무서웠고, 힘든 내색으로 폐를 끼치고 싶지도 않았다. 토질도 토질이려니와 돌과 바위가 많은 산이라 천천히 걸음을 옮겼다. 넘어지기라도 하면 저 두 남자 중 누가 먼저 달려올까. 방정맞은 생각은 단말마를 불렀다. 저만치 앞서가던 두 남자는 놀라 걸음을 멈추었다. 나의 오른발이 돌 틈에 끼인 채 무력하게 넘어지고 말았던 것이다. 사십팔 년 무사고 경력의 내 발목은 긴 휴식에 들었다.

다친 인대는 치료가 쉽지 않다고 한다. 한 달 넘게 침을 맞고 물리치료를 하고 있어 처음보다는 많이 좋아졌지만, 아직도 통증에다 부기가 남았다. 재발할 수도 있고 치료를 게을리했을 때는 무릎관절까지 영향을 받게 된다고 한다. 다쳐 본 경험자들의 권유로 운동도 쉬며 치료 중이다. 난생처음 침이라는 것도 맞고 엎어진 김에 첨단 의료 기구의 혜택도 누린다.

의사는 접질렸다는 말 대신 '염좌'라는 처음 듣는 병명을 붙여 주었다. 외부의 충격을 받아 관절을 지지해 주는 인대가 늘어나거나 찢어지는 경우가 염좌라고 했다. 순간적인 과도한 충격이 원인이고 무게를 지탱할 능력이 줄어들면서 통증을 유발하거나 관절이 붓게 되는 현상이다. 염좌를 앓으면서 흔히 돈나무라 불리는 다육식물과의 '염좌'가 그 이름을 갖게 된 배경을 찾아보았다. 식물의 이름이 염좌라니, 재미있는 사연이라도 있을 것 같았지만 전해진 유례는 없었다. 줄줄이 달린 탱탱한 잎사귀 사이에 별 모양의 핑크빛 꽃이 피고, 꽃말이 부와 끈질긴 생명력이라는 것만 알 수 있었다.

"얘 이름이 돈나무야! 잘 키우면 돈이 줄줄이 들어온대." 부자가 되라는 말이 일상의 덕담이던 시절, 란이 엄마는 동전 모양의 이파리를 풍성하게 매달고 있는 돈나무 한 뿌리를 건네주며 웃었다. 어느 화원의 주인이 그런 말을 했는지 알 수 없으나 이 나무는 그런 이유로 가가호호에서 꽃을 피웠을 것이다. 화초에 어울리는 예쁜 이름도 많은데 염좌라는 이름을 가지게 된 것은 강한 생명력 덕이지 싶다.

염좌는 이파리가 무성하다. 물을 주기 위해 화분을 들 때마다 이리저리 흔들리며 제법 무게가 있는 잎들이 떨어지기도 한다. 떨어진 잎은 그 자리에 뿌리를 내리고 싹을 틔운다. 싹을 틔운 잎사귀는 서서히 말라 간다. 자신의 모든 것을 내어 주고 떠나는 가시고기 같은 식물이다. 꽃 염좌가 상처 염좌와 이름이 같은 이유를 알겠다.

한의사는 생각보다 치료가 더디다며 이미 오래전부터 누적된 상처일 수도 있다고 했다. 치료를 받은 적이 없으니 나이가 들면서 자연스럽게 약해졌다는 말에 수긍하며, 돌아오는 길 내내 오른쪽 발목의 부상 이력을 더듬어 보았다. 무사고가 아니었다. 이사한 다음 날 구조에 익숙하지 않아 발을 헛디뎠던 일과 산을 오르내리며 여러 차례 발목을 접질렸던 기억이 났다. 그때는 발목이 여러 번 꺾이고도 금방 다시 걸을 수 있었다. 팽팽하고도 젊은 근육이 있었기에 가능했다.

'나도 이제 늙어 가는구나!' 늙는 것이 슬픈 일은 아니지만 늙음은 수많은 염좌를 동반하고, 사람의 일생은 염좌를 앓으면서 치료해 가는 과정인 것만 같다. 이리저리 채이고 꺾이며 굽이굽이 애달픈 삶을 살아가는 모두가 인생의 염좌를 앓고 있는 환우라면 지나친 비약이 될까. 나이가 들면서 불어나는 뱃살과 두툼한 턱살 또한 삶이라는 염좌의 후유증이지 싶다.

자신의 힘으로 삶의 무게를 더해 가는 것이 성장이다. 성장은 고통을 수반하기에 상처가 없는 인생은 인생이 아니라고도 한다. 상처 위에 또 상처가 겹치고, 더께를 이루어 두툼해진 삶에서 느끼는 평화가 세상을 포용하는 힘이 된다. 부자가 되는 것 또한 어느 날 갑자기 되지는 않는다. 일어섰다 내려앉기를 반복하며 돈의 염좌를 앓은 뒤라야 진정한 부자가 될 수 있다. 염좌가 돈나무로 불리는 이유다.

온몸으로 생의 염좌를 앓고 있는 나는 이제 발목 염좌에 연연해하지 않기로 한다. 발목이 두툼해진 노부인의 원숙한 세련미가 염좌의 덕인 것 같아 날렵한 발목에 대한 미련도 접는다. 첫날에 새롭게 가졌던 마음으로 인해 발목에 상처는 남겼지만,

인생을 바라볼 수 있는 더 큰 마음이 생겼다. 염좌에 꽃이 필 일만 남았다.

까마귀 날자 배가

　　평소 이곳은 문이 굳게 잠겨 있다. 이용하려면 암호를 입력해야 한다. 그러니까 암호를 아는 자만이 이용할 수 있는 곳이다. 숫자 다섯에 별 하나의 암호는 아무나 사용하면 안 된다는 의미다. 그러므로 닫혀 있는 것은 당연하다. 별은 디지털의 세계에서도 간절한 염원의 뜻으로 활용되고 있다. 저렇게 많은 별 중에 그 별 하나에 염원을 담은 암호는 일상의 곳곳에서 빛난다.

　어느 날 이곳이 활짝 열려 있었다. "열려라 참깨!"를 외칠 필요도 없이 들어섰다. 출입문을 닫자 자동문이 나를 가두었다. 출입문 안에 있는 두 개의 문은 사용 중이라는 빨간불이 켜져 있었다. 무심히 기다리던 중, 하나의 문이 열림과 동시에 네 개의 눈동자가 마주 보며 흔들렸다. 까마귀가 날았다. 상대방의 실수가 분명한데 상대는 나를 의심하는 눈치다. 자신이 잘못 들어왔음을 시인하는 순간, 밖에서는 출입문을 흔들고 누르며 문이 열리지 않는다고 아우성을 쳤다. 안에서 문을 열어 주어야 했다.

　문을 열려던 젊은 여자는 좁은 공간에 선 두 남녀를 의심의 눈초리로 황당하게 쳐다보았다. 남자는 연신 "미안합니다."를 반복하고, 나는 "남자 화장실은 저~기"라는 말에 힘을 주었다. 일을 보는 동안 저 젊은 여자가 나를 불순하게 본 건 아닐까, 의심하는 건 아닐까 하면서도 소리 내 웃고 싶었다. 오해를 받는 것이 좋은 일이라고 본다면, 정말 기가 막히게 좋은 순간이었다. 절묘하게 아귀가 딱 맞았다고 할까.

볼일을 마치고 나온 여자는 밖에서는 문을 못 여느냐 물으며 어떻게 들어왔냐고 한다. 공동으로 쓰는 화장실이라 비밀번호 없이도 버튼을 누르면 열릴 줄 알고 이것저것 누르고 당기기를 했다는 것이다. 떨어진 배를 수습해야 했다. 그 남자는 출입구 측면에 있는 남자 화장실을 보지 못한 채 정면에 열려 있는 여자 화장실로 들어오는 실수를 한 것이었다. 자초지종을 듣더니 수긍을 해 준다. 휴~다행이다.

그 화장실은 공동 화장실이었는데도 전자자물쇠를 장착하고 있었다. 문이 닫히는 순간 자동으로 잠겨 버려 비밀번호를 입력하지 않고는 들어갈 수가 없는 곳이다. 그랬음에도 열려 있는 문으로 들어갔고, 그 남자도 열려 있었으니 자연스럽게 들어간 것 같았다. 그 건물이 대민 서비스라도 한 날이었나.

까마귀가 들어올 수 없는 조용한 공간에 떨어진 배는 시원했다. 황당했던 해프닝이 재미있어서 사람들에게 이런 일이 다 있었다며 떠들었다. 모두 즐거워 죽겠단다. 심지어 여자 화장실을 깜짝 방문한 그 남자가 멋이 있었냐, 잘생겼냐고 물어 댄다. 그 남자는 나보다 열 살쯤 더 나이가 들어 보이고 늙수그레했지만, 이럴 때는 청자의 즐거움을 위해 극적 긴장을 고조시켜야 하는지 모르겠다. 거짓말을 할 수도 없고 유머러스하게 각색할 줄도 모르니 어르신의 귀여운 실수로 이야기는 종결됐다. 청자들은 실망하면서도 숨을 몰아쉬며 웃어 댄다. 모처럼의 유쾌한 웃음이었다나.

웃을 일이라고는 없는 일상에서 시트콤의 주인공 역을 하사 받은 날이라 그런지 오후 내내 유쾌하고 즐거웠다. 로맨스라도 있었던 양 히죽히죽 웃음이 나온다. 그 아저씨는 얼마나 무안했을까. 그 집의 저녁 식탁에서도 '오늘 이런 일이 다 있었다'며 허허 웃음꽃이 피겠다.

순박한 사람의 어리숙한 실수가 귀엽고 인간적이어서 모든 것이 해제된 느낌이다. 우연한 일상의 소소한 사건들이 선물이라더니, 무덤덤한 내게 온 웃음 한 보따리가 이 가을의 선물이었다. 가을이 시작되는 어느 날의 이야기다.

기저귀를 차다

문단의 선배께서 기저귀를 벗은 입들을 보고 싶다고 한다. 어머나! 이런 발상을 하시다니. 두 손을 마주치는 순간, 사람은 신체의 모든 구멍을 관리하며 사는 것이 일생이라는 생각이 든다. 때로는 듣기 싫은 말도 들어야 하고, 하고 싶은 말도 참아야 할 때가 있지 않은가. 맡기 싫은 냄새는 피해야 하고 몸속의 노폐물도 때와 장소를 가려 가며 배출해야 하니, 미생물들의 침입구이자 탈출구인 구규九竅 관리는 철저한 자기 관리의 중심이 돼야 하는 일이다. 이런 행위들은 관리의 영역이면서도 생리적이고 자발적인 행위다. 꺼내 놓고 말하거나 배우지 않아도 되는 지극히 개인적인 일로 계도가 필요하지는 않았다.

요즘처럼 마스크를 권하는 사회에서 입을 보이는 것은 실례가 된다. 따라서 코와 입을 보이지 말라는 계도가 시작되었다. 입을 가려야 하는 수많은 이유를 생각하며 일 년 팔 개월을 보냈다. 이웃과 친구들의 얼굴을 못 본 지 오래되니 입술을 그리워하는 선배님의 짧은 위트가 신선하다. 몸에서 배출되는 것을 받아 내던 기능에서 차단의 기능으로 확장된 해학의 기저귀론이다.

 오래전 이십 대의 중반기, 출산을 준비할 때 가장 비중이 컸던 일은 기저귀를 장만하는 일이었다. 포목점에서 거즈를 끊어 와 적당한 길이로 자르고 시접 처리에 공을 들였다. 씻고 삶는 세탁의 과정을 거쳐 맑은 바람에 말리고 개킨 기저귀는 단순하면서도 정갈하게 지은 건축물처럼 든든했다. 가장 부드러운 천으로 기저귀를 만드는 것은 쌀로 밥을 지어 먹듯 당연한 삶의 과정이었을 것이다. 아기의 용변을 받아 낸 기저귀를 들여다보며 향을 맡고 모양을 관찰할 때, 기저귀는 아기들의 전용물이라는 인식만 있었다.

 진정한 자유는 뭘 모름에 있다. 인간에게는 기저귀의 불편함에서 벗어나 성별의 정체성에 구애받지 않고 지낼 수 있는 십여 년의 기간이 있다. 무엇도 모른 채 자유를 구가할 수 있는 날들이다. 이 시기를 지나면 어린 여자들은 다시 기저귀라는 족쇄를 만난다. 터놓고 말할 수 없는 은밀함과 불편도 여성성의 기저를 만드는 데 몫을 더했다.

 여성을 위한 계도가 시작되며 등장한 광고는 민망함을 더했다. 가임기 여성을 위한 위생용품 광고는 세탁의 번거로움이 없어 말 그대로 위생적이었다. 그러나 얇고 부드러우며 자유롭다는 광고와 달리, 옷과 살 사이의 이 물질은 여차하면 탈출을 감행하기도 했다. 자유와 안전은 고사하고 예민해진 정신을 더 긴장하게 했다. 당혹과 불편을 넘어 기저귀를 차야 했던 날들에서 해방이 되었을 때, 비로소 진정한 자유를 얻었다. 신체의 자유는 감정의 자유도 가져왔다.

그즈음 시니어를 위한 광고 하나가 다시 나타났다. 민망하고 노골적이기는 마찬가지였다. 시니어의 요실금에 대비한 기저귀 광고였다. 오호 남자들도 기저귀를 차겠구나. 젊은 시절의 남성성은 기저귀 속으로 들어가겠지. 기저귀는 아기들의 전유물이 아니라 전 생애에 걸쳐져 있는 인간 발달의 과정, 그 생애주기에 꼭 필요한 위생용품이었다.

아기들의 울음과 가임기 여성들의 예민한 정서, 노인의 불안도 기저귀가 가져온 후유증인 것만 같다. 기저귀 활용의 범위가 넓어지면서 반려 강아지들도 천연펄프로 만든 기저귀를 이용한다. 가끔, 옆집 강아지 설이의 우울한 심사가 벽을 타고 전해져 올 때도 있다. 이것이 기저귀의 일반적인 활용성이다.

마스크를 권하는 사회를 지나, 요즘 또 다른 광고가 찾아왔다. 가상의 현실을 볼 수 있는 시대가 도래함에 따라 스마트 렌즈를 눈에 착용하라는 광고다. 듣고 싶은 소리만 듣기 위해 귓구멍을 가리는 이어폰, 더 잘 보기 위해 시력을 올려 주는 안경, 세균을 막아 주는 마스크 등도 관리의 측면에서 보면 기저귀로 작용하고 있기는 하다. 선배님의 위트에 날개를 달아 보자면 기저귀를 주렁주렁 차는 시대, 마치 기저귀 문화 시대가 된 것 같다.

상상 하나를 덧붙여 보자면, 마스크를 입에 차기 시작하면서부터 입이 사라지는 진화가 시작되는지도 모르겠다. 말을 하지 않아도 의사소통이 되고, 한 알의 행복 호르몬제로 식사를 대체하며 살 수 있는 멋진 신세계로의 진입이 시작되는 것만 같다. 입이 사라진 후대의 사람들이 이 시기가 남긴 사진들을 본다면 입이 사라지기 시작하는 전환기의 모습이라고들 하지 않을까. 얼굴이 아닌 목소리와 외양으로 지성을 평가하기 시작한 초기의 전위예술이라고 할까. 아니면 입에도 기저귀를 차던 초자연주의 시대였다고 할까.

보도사진으로 본 19세기 초(1918년), 스페인독감이 창궐했던 당시에 찍은 흑백사진에도 마스크를 한 군인들의 모습을 볼 수 있다. 그로부터 백여 년이 지나 과학기술이 발달한 지금도 호흡기 전염병에 대응하는 기본적인 방법은 마스크를 착용하는 것이다. 전 생애를 관통하는 기저귀를 떼려야 뗄 수 없듯이 과학기술이 아무리 발전해도 마스크는 영원히 우리 곁에 있을 것이다, 기저귀처럼. 내가 기저귀로부터 누릴 수 있는 자유가 무한하지 않다는 사실도 겸허하게 받아들여야 할 것 같다.

한 문장이 가져온 회상은 스스로 오래된 사람이라는 것을 자각하게 했다. 귀에는 보청기, 눈에는 안경, 입에는 마스크를 하고 어쩌면 방독면까지 해야 하는 날이 올지도 모르겠다. 이렇게 얼굴을 볼 수 없는 세상이 오더라도 어떻게든 의미를 찾으며 인류의 삶은 계속 이어질 것이다. 길이 끝나는 곳에 또 다른 길이 있듯이 스스로 길을 만들며 끝까지 걸어가는 사람으로 살아가리라.

외출의 시간, 작고 가벼운 마스크로 얼굴의 반을 가린다. 바이러스 혹한기로부터 나를 지켜 주는 매개물이다. 사람들과 어깨를 나란히 하고 함께 걸어갈 수 있도록 해 주니 이 작은 마스크에 의지하지 않을 수 없다. 눈에 보이지도 않는 것이 무서워 새털 같은 마스크를 한다. 입에 기저귀를 채운다.

음치가 된 이유

동창으로부터 온 전화의 요지는 이랬다.
"합창했던 그 기억이 나는 참 좋다."

중학 시절의 그는 작고 예쁜 동생 같았던 친구로 기억된다. 한 반을 한 적이 없고 등하굣길의 방향도 달라서 이야기를 나눠 본 기억도 없는 동창이다. 그런데도 공유할 수 있는 부분 하나가 있었으니, 합창단원으로 함께 활동한 것이었다. 친구는 열심히 공부한 기억은 나지 않지만, 합창단을 했던 기억만큼은 또렷하다고 했다.

생의 현실에 발붙이며 살아가던 어느 날, 친구는 동창회의 즐거움을 알았다고 한다. 평범하고 소심하게 살아가던 일상 앞에 펼쳐진 옛 친구들과의 만남에서 소중한 기억 하나를 떠올렸단다. 그 기억이 자신의 가슴을 뜨겁게 해 준다고 했다.

음악 선생님의 부임으로 합창단이 창단되고 테스트를 거쳐 입단하게 된 우리는 방과 후 음악실에 모여 발성 연습부터 시작했다.

"이~에~아~오~우~~~"

천방지축으로 날뛰던 아이들은 단전에 힘을 모아 발성법을 터득하고 화음을 이루었다. 우리는 군립회관에서 열린 학예발표회에서 율동을 가미한 차별화된 노래로 최우수상을 받았다. 수상의 영광은 경상남도 대회에 참가할 기회로 이어졌다. 교육청에서 제공한 통학선을 타고 마산으로 간 우리는 경연장이었던 제일여고의 넓고도 좋은 시설을 부러워했던 것 같다. 도시의 고등학교로 진학을 하고 싶다는 생각을 품게 한 학교였다.

순번을 기다리다 지루해진 단원 중의 악동들이 몰래 공연장을 이탈하기도 했다. 이 일로 마지막 연습에 차질이 있어 선생님의 심기를 불편하게 했다는 것은 전화를 걸어 온 친구의 기억이다. 도내 경진대회에서 우리는 장려상을 받았다.

배가 부르면 맑은 소리가 나오지 않는다는 이유로 점심을 굶은 우리는 시상식을 마치고 늦은 점심을 먹었다. 맑고 시원한 찌개 속에는 바짝 마른 게의 다리 두어 조각을 비롯해 몇 가지 해산물과 두부 등이 있어야 할 것은 다 있다는 시늉만 하고 있었다. 호박, 고추 등의 푸성귀가 엉성하게 빠트려져 있었을 뿐이었는데도 그날 먹었던 된장찌개의 맛을 아직도 기억한다. 그 시절의 우리는 음식을 사 먹는 경우가 없어서 식당 음식이 내는 감칠맛을 참맛으로 알고 달게 먹었다. 수상의 기쁨보다 더 선명한 맛의 기억으로 남았다. 시장이 찬이라는 걸 알기에는 좀 이른 나이였다.

통학선의 승객은 우리 합창단원과 선생님뿐이었다. 도시로의 일탈을 경험한 우리는 거제로 돌아오는 배 안에서 여흥을 즐겼다. 나를 포함한 몇몇 친구들은 갑판 위에서 들려오는 노랫소리를 들으며 바다 풍경과 낙조를 감상하기도 했다. 친구의 기억에 의하면 우리는 노래를 잘 불러 최우수상을 받을 수도 있었는데, 시골에서 올라와 편파적인 심사를 받았단다. 진위를 알 수 없는 친구의 주장이다. 그러한 울분과 긴장이 풀린 해방감으로 선실에서는 유행가를 목청껏 부르고 흔들며 가무를 즐겼단다. 그날의 후유증은 이튿날 찾아왔다. 잠에서 깬 친구는 고성방가의 결과로 말을 할 수 없었다. 목이 쉬어 잠기고 만 것이다. 그리고 그는 노래를 부를 수 없었단다. 고음 불가! 음치의 세계로 들었다.

추측하건대 작고 여렸던 친구는 변성기 이전의 맑은 음색으로 합창단원이 되었고, 막 변성이 시작될 때 그만 고성방가를 저질러 목소리를 잃어버린 것이었다. 음치의 상태로 노래를 할 순 없었다. 그렇게 합창단원으로 활동했던 기억마저도 잊고 살았단다. 그러다가 동창회를 기회로 다시 노래를 불러 보니 중학 시절의 그때가 생각나더라고 했다. 마땅히 떠오르는 학창 시절의 기억이라는 것이 없다가 찾아낸 그 소중한 기억을 글로 남겨 보고 싶은 마음으로 전화를 한 것이었다.

"내는 글 쓰는 재주가 없다 아이가! 그런께 니가 좀 써라. A4 용지 한 장이면 된다. 마 써 봐라."

"니 기억을 내가 우째 쓰노?"

A4 용지 한 장이면 된다고 쉽게 말하면서 저는 왜 못 쓴다는 거지……. 속으로 구시렁거리며 전화를 끊었다. 서둘러 전화를 끊을 때도 친구의 이야기는 계속되었다. "그래~가 내가 음치가 돼~뿟다 아이가." 우습고도 슬픈 이 한마디에 마음을 열어, 친구의 간곡한 청을 들어주기로 했다.

우리는 그 흔한 사진도 한 장 남기지 못했다. 카메라가 귀했던 시절이었으니, 누군가가 찍어 주지도 않은 사진이 있을 리 없다. 합창단원이었다는 증거 사진 한 장 남기지 못하고 음치가 되어 버린 친구의 소중한 추억이 오래오래 따뜻하기를 바란다. 뜻밖의 전화는 나의 장기기억 장치에 파노라마처럼 저장되어 있던 기억 하나를 떠올리게 했다. 추억이라는 중학 시절의 사진첩을 꺼내 오래 들여다본다. 시간이 거꾸로 흐른다.

정지된 하루

텅 빈 공간에 대고 외친다.
"다녀왔습니다~"
"……."

대답이 없다. 목소리는 들리지 않지만 사진 속의 우리 가족은 한결같은 눈빛과 환한 얼굴로 손을 내밀어 준다. 기다렸다, 보고 싶었다, 수고 많았다, 어서 오라며 반겨 준다. 멈추지 않고 흐르면서도 계절마다 다른 이야기를 담아내는 강처럼 한 장의 사진에서 강물 냄새를 맡는다.

봄이 시작되는 삼월의 어느 날, 깔끔하게 차려입은 우리 가족은 시댁으로 갔다. 전화로 일정을 알려 드렸는데도 외출 준비를 하지 않고 계신 두 분의 분위기가 심상치 않아 보였다. 분위기 전환도 할 겸, 어머님의 파마머리를 펴서 올리고 화장도 곱게 해 드렸다. 큰아이와 함께 가장 좋아 보이는 옷을 골라 입혀 드리니 고우셨다. "어머님 예쁘시죠?" 아버님께 여쭈어도 본체만체 말씀이 없으셨다.

찬 기운이 채 가시지 않은 삼월의 오후는 쌀쌀했다. 옷깃을 여미면서도 마음은 훈훈했다. 사진관에 도착한 우리는 헝클어진 머리와 옷매무새를 서로 챙기며 중심을 잃은 넥타이도 바로 세웠다. 어색하고도 설레는 순간을 즐겼다.

아버님은 손녀들을 당신의 무릎 위에 앉히고 싶어 하셨다. 사진의 구도가 더 중요했던 사진사가 아버님의 뜻에 따라 주지 않자 불편한 심기를 내보이기도 하셨다. 사진사는 가족사진이라는 타이틀에 맞는 분위기를 위해 익살꾼을 자처했다. 웃음 제조기 마냥 저절로 웃음이 나올 수 있도록 자신을 내려놓으며 시답잖은 유머를 연발하기도 했다. 이렇듯 카메라 앞에서는 자의든 타의든 즐거운 표정을 연출하기 마련인데 근엄하신 아버님은 끝내 웃지 않으셨다.

일주일 뒤에 찾아온 사진 속에서도 아버님은 대쪽 같은 성품을 그대로 보여 주셨다. 사진 촬영이 있던 날 아침, 두 분의 말이 부딪히는 작은 실랑이가 있었다고 했다. 불편한 마음이셨을 텐데도 맑게 웃고 계신 어머님과 제법 숙녀티가 나는 큰아이의 함박웃음이 사진의 표정을 살려 주었다. 평소 잘 웃지 않는 남편의 어색한 웃음과 아버님 옆에 앉은 작은아이의 똘망똘망한 눈망울이 새침하고도 귀엽다. 그리고 개성 없이 밋밋한 내가 나른한 웃음을 머금고 있다. 사진은 가족들의 모습을 그대로 잘 담았다.

이렇게 우리는 2001년 3월의 하루 중 한순간을 붙들어 놓았다. 두 아이를 낳아 키운 지 십이 년만이었다. 특별한 날이나 기념일에 가족사진을 찍는다고들 했지만, 찍어 놓은 스냅사진이 많다는 이유로 우리는 사진관을 찾지 않았다. 무료 사진 촬영권은 말보다 강한 힘으로 작용했다. 무료였기에 어디 한번 찍어 볼까 한 것이다.

남남의 만남은 시행착오가 많았다. 서로 다른 견해로 자주 삐걱이기도 했다. 바보와 바보가 만나 힘겹게 살아온 시간이었다. 살아갈 날들이 암담하기만 했던 적도 있었다. 그런데도 사진 속의 우리는 잔잔하고 평화로운 일가의 형태를 갖추고 있다. 시부모님과 함께 살지는 않았어도 우리의 결속은 먼 도시에 뿌리를 내린 다른 형제들과는 달랐다. 내 마음은 그랬다. 아이들이 자라 조부모님을 추억할 일이 많을 것이라는 생각에 서운한 일도 참을 수 있었다. 아버님은 수시로 전화를 하셔서 보고 싶다거나 목소리가 듣고 싶었다는 마음을 전하셨다. 그럴 때마다 주말에는 시댁을 가지 않을 수 없었다.

우리 집을 처음 방문한 사람들은 가족사진을 보며 시부모님과 함께 사느냐고 묻기도 한다. 사진 앞에서 곧잘 생각에 잠기기도 했다. '시간이 흘러 시부모님들께서 세상을 떠나시고, 내 머리가 하얘지고, 두 딸이 어머니가 될 때까지 우리는 사진 속에서 이렇게 서로 어깨를 맞대고 웃고 있겠지.' 홀로 생각에 잠겼다.

  요즘 부쩍 벽에 걸린 사진을 볼 때마다 얼굴이 뜨거워진다. 아버님은 당신의 부모님을 만나러 먼 길을 떠나셨고, 어머님은 홀로 쓸쓸히 집을 지키고 계신다. 시댁의 거실에도 이 사진이 걸려 있다. 어머님도 나처럼 사진을 올려다보며 지나간 날들을 회상하실까. 우리가 함께했던 시간 저 너머에는 내가 알지 못한 많은 이야기가 있었다. 나의 믿음과 인내는 종이비행기처럼 힘없이 추락하고 말았다. 며느리의 소임을 다하기 위해 쏟았던 마음에도 그늘이 남았다. 경계에 머물 수밖에 없지만, 사진을 볼 때마다 다시 못 올 그날은 오늘이 되기도 한다.

  사진 속의 우리는 고요하고 평화롭다. 시부모님은 윤기 나는 얼굴과 총기 가득한 눈동자로 우릴 바라보고 계신다. 묵묵히 가족을 책임지는 남편의 어깨가 눈에 들어온다. 젊은 남편과 귀엽고 사랑스러운 두 딸의 모습도 이제야 발견한다. 부족한 부모를 믿고 따르는 두 아이의 맑은 눈동자는 무한한 책임을 느끼게 한다. 철없어 헤매고 갈피를 잡을 수 없어서 부대꼈던 내 기억이 조작된 것인 양 사진 속의 나도 평온해 보인다. 내가 걸어온 길은 나를 성장시키고 사랑을 알게 해 준 고귀한 시간이었다. 어느새 자라 집을 떠난 두 딸과 머리가 희끗해진 남편의 모습도 지나온 우리의 시간을 잘 말해 준다. 사진 한 장의 의미가 깊다.

  사진이란 순간을 영원히 남기는 것이다. 빛이 바래고 촌스러운 과거의 모습이 소중한 이유는 내 존재의 뿌리가 되는 추억을 담고 있어서다. 수없이 겪은 많은 일 중에서도 우리를 행복하게 하는 것은 바로 이런 사소한 일이다. 어색한 웃음일지라도 멈춰진 순간의 미소는 사진 속에서 영원이 되었다.

  앨범 속에는 작은 스냅사진들이 많다. 그 많은 사진 중에서도 삼대가 다 함께 찍은 것은 단 하나, 이 가족사진이 유일하다. 방에서 거실로 나올 때나 밖에서 집으로 들어설 때마다 십이 년 전 그날과 만난다. 그날은 과거가 아니고 현재가 된다. 사진의 시간과 현재의 시간이 평행선에 있다. 세월의 강이 흘러 얼굴도 모르는 혈족 누군가가 이 사진 앞에서 강물 냄새를 느끼고 섰다면, 나는 사진 밖으로 두 손을 내밀어 그를 어루만질지도 모른다.

2

한 시간 반의 단상

진달래
아버지의 부엌
모티프
명복은 빌었나요?
송홧가루 날리면
한 시간 반의 단상
숨비소리
십 원의 대가
이런 인연이어서 고마워요
벽

진달래

　유혹이란 항시 찰나의 일이다. 시끌벅적한 시장 가판대에 눈길이 닿는 순간, 진달래가 피었다. 봄바람에 살랑살랑 꽃잎이 나부꼈다. 분홍이 당기는 자성에 끌려 본 그것은 진달래가 아니라 스카프였다. 다양한 분홍색 중에서도 유일한 진달래색이었다. 꽃잎을 펼쳐 이은 것처럼 나풀나풀한 주름이 잡혔다. 얇아서 하늘거리는 이 물건은 나와 어울리지 않는 패션 소품이라는 것을 알지만 가격도 묻지 않고 구매 결정을 내린다. 점원은 이 봄에 잘 어울리는 색상이라며 마치 탁월한 선택이라도 한 양 진달래 빛 입술을 쫑긋거린다. 따뜻한 봄바람을 타고 세상의 꽃들이 피어나고 있다.

"아가씨! 진달래가 피었던가요?"

　나물을 볶으며 올케언니가 물었다. 왠지 알고 있어야 할 것을 알지 못한 것처럼 할 말이 없다. 진달래는 피었겠지만 아직 꽃을 보지는 못했다. 발목을 다쳐 등산을 쉬고 있는 두 달 동안 집 근처만 다녔으니 눈에 띌 새가 없었다. 꽃 소식을 묻는 것은 얼굴도 뵌 적 없는 시어머니를 추모하는 올케언니의 마음이다. 올케언니는 시어머니를 산소에서 처음 만났다. 가족이라는 인연 때문이었는지 흐르는 눈물을 주체할 수 없었단다. 그 첫 만남을 회상하는 이 밤에도 진달래는 어둠을 밝히며 피고 있겠다.

　돌아보면 그날의 기억은 마치 꿈속의 일이었던 것 같다. 어머니(정덕금, 1935.5.9.~1986.4.4.)의 꽃상여가 눈물의 배웅 속에 마을을 떠날 때도 봄이 온 걸 몰랐다. 뱃속 저 깊은 곳에서부터 올라온 냉기가 스멀거리며 몸을 휘감았다. 겨울이 끝나면 봄이 온다는 사실도 잊은 채, 추위와 손잡은 슬프고 검은 기운에 눌려 있었다. 육신의 감각기관들마저도 문을 닫아 버린 것 같았다. 암울한 상태에서 무력하게 어머니를 떠나보내야 했다.

　고향 마을의 뒷산은 유난히 진달래가 많이 피었다. 학교를 마치고 돌아오는 길에서 바로 보이는 산은 마치 분홍색 눈이라도 쌓인 듯했다. 가방을 던져 놓고 친구들과 진달래를 꺾으러 다녔다. 끝없이 펼쳐진 진달래꽃밭에서 우리의 얼굴도 진달래처럼 발그레 물들었다. 진달래는 너무나 흔해서 쉽게 꺾이었고 화병에 꽂아 놓아도 오래가지 않았다. 시들면서 떨어지는 수술과 꽃가루는 지는 꽃을 더 초라하게 했음에도 진달래를 꺾으러 다니는 일은 연례행사였다. 그만큼 우리에게 친숙한 꽃이었다. 이랬던 진달래가 눈물의 꽃으로 변한 것은 어머니와의 이

별 의식이 있던 날의 배경이 되었던 까닭이다.

발인식 전날 밤, 꿈속의 어머니는 커다란 가방을 들고는 버스에 올랐다. 뒤돌아서서 "나는 간다."라며 안녕을 고하던 어머니의 얼굴은 잘 익은 복숭아처럼 고왔다. 그리도 곱고 환한 어머니의 얼굴은 그 밤, 꿈속에서 뵌 것이 처음이요 마지막이었다. 농사일에 지치고 그른 피부로 사셨던 어머니는 죽음으로써 안식을 얻은 듯 편안해 보였다. 마치 행복이 예정된 곳으로 떠나는 듯 설레는 감정을 얼굴 가득 담고 있었다. 당신의 결혼식 예복이었던 연분홍색 한복을 입고, 생애에서 가장 빛났을 새색시의 모습을 남겼다.

조부모님의 산소가 있는 선영으로 가는 길은 가파르고 험했다. 상여꾼의 앞소리를 멈추게 하고 상주들의 눈물도 멈추게 할 만큼 경사가 심한 길이었다. 앞서가던 상여꾼들의 웅성거림에 이어 상여가 휘청거렸다. 고개를 들어 보니 행렬은 진달래 터널을 지나고 있었다. 흐드러지게 핀 진달래는 상여를 장식한 조화의 화려함을 압도하고 있었다. 어미를 잃은 죄인은 하늘을 볼 자격도 없지 않은가. 땅만 내려다보며 걷던 우리는 비로소 봄이 온 걸 알았다. 세상이 꽃 잔치를 하고 있었다. 어릴 적 진달래를 희롱하며 놀았던 그곳이었다. 배웅의 길은 참으로 화려했다. 걸음걸음 놓인 진달래를 지르밟으며 어머니는 그렇게 가시었다.

  어둠이 내리자 낯선 적요가 찾아들었다. 존재와 무존재 사이의 무게는 감당할 수 없을 만큼 컸다. 집 안을 파고든 냉기는 말하고 싶은 욕구를 잠재웠고 잠을 밀어내었다. 잠들지 못하는 밤이면, 촛불처럼 환하게 어머니를 지켜 줄 진달래는 작은 위로가 되기도 했다. 곤고했던 어머니 생의 한풀이는 훠이훠이 진달래꽃길을 넘어가는 뒷모습으로 재현되었다. 어머니의 춤사위가 연상될 때마다, 죽어도 아니 눈물 흘리겠다던 소월처럼 절대 돌아보지 마시기를 염원했다. 스물세 살 나의 봄은 이렇게 시작되었다.

  어머니가 생을 졸하셨던 나이를 넘어가고 있는 아픈 가슴들. 나의 형제들은 이제 눈물 없이도 그날의 풍경을 말할 수 있게 되었다. 그치지 않을 것 같았던 눈물도, 깊고 깊었던 서러움의 기억도 심연의 저 깊은 곳으로 가라앉았다. 세월이 가면 사람의 가슴도 풍화와 퇴적의 과정을 거치게 된다. 슬픔은 풍화가 되고, 떠난 사람의 사랑이라는 퇴적물은 내 삶을 올곧게 살아갈 힘을 주기도 한다. 외할머니를 뵌 적 없는 아이들에게 어머니는 세상의 모든 어머니가 그렇듯 전설이 되었다.

  어머니가 떠난 후 봄은 유난히 아프게 왔다. 진달래꽃 그늘 아래로 펼쳐지는 그날의 영상으로 인해 우울한 봄을 보내고 또

보내었다. 해마다 앓았던 봄앓이는 아이가 자라면서 서서히 치유되었다. 봄 햇살 아래 선 아이는 노란 애기똥풀꽃처럼 작고 앙증스러운 모습이더니, 곧 꽃처럼 화사하게 피어났다. 꽃이 피는 계절이 되면 딸들과 손잡고 화전을 만들었다. 팬에 반죽을 두르면 아이는 작은 손으로 꽃잎 한 장을 곱게 펼쳐 놓았다. 진달래 고명 위에서 어머니와 나, 두 딸의 봄 이야기도 덩달아 피었다. 나의 슬픈 진달래 기억은 이때부터 조금씩 지워져 갔다.

올해는 진달래 보기를 포기해야 할 것 같다. 멀리 산이 있으나 아픈 다리로 꽃을 찾아 나설 자신이 없다. 뜬금없이 시장에서 진달래를 본 것은, 철없이 화사했던 어린 시절로의 회귀를 꿈꾸는 무의식의 발로이거나, 어머니를 그리는 나의 계절병이 발병한 것이었는지도 모른다. 이 또한 꿈속의 일이었던 것 같다.

거울에 진달래 한 다발이 걸려 있다. 꽃인 듯 스카프인 듯 봄기운을 전하고 있다. 스카프를 선물로 받고 싶은 어머니의 마음과 제대로 된 선물을 해 본 적 없는 나의 마음이 간절히 닿았나 보다. 봄은 가겠지만 어머니의 산소에는 계절을 놓친 진달래가 피겠다. 꽃을 꽃으로만 볼 수 없었기에, 찬란했지만 슬펐던 분홍빛 기억은 저 하늘 너머로 보낸다. 화사한 봄이다.

아버지의 부엌

정지간은 어머니의 공간이었다. 아침저녁으로 밥이 익었고 풋나물이 부드럽게 무쳐졌다. 부엌을 정지간이라 부를 때, 아버지(주진영, 1938.3.8.~2022.3.23.)는 정지간으로 들어올 일이 없었다. 땔감을 부릴 때나 나뭇단 밑에서 뱀이라도 기어 나오면 들어오셨다. 목을 축이거나 한 사발의 막걸리를 마시러 식구들 몰래 들르셨을지도 모른다. 하지만 그런 모습을 본 적은 없다. 부뚜막에 엎드리거나 상을 들고 정지간 문턱을 넘는 모습도 보지 못했다. 그렇게 사셨던 아버지가 쌀을 씻고 설거지를 한다.

계절마다 떡을 찌고 한겨울이면 조청을 고던, 단내 나는 정지간은 오래전에 사라졌다. 어머니가 돌아가시고 난 뒤 아버지가 운영한 슈퍼에는 부엌이 있었다. 부엌은 나무에서 연탄으로 땔감이 바뀌면서 편리해진 정지간을 부르는 말이었다. 따뜻한 방에서 문턱만 넘으면 깔끔한 슬리퍼가 놓여 있었다. 타일이 깔린 바닥에 물을 쏟아부을 수 있어서 편했다. 방과 부엌 사이의 냉기는 피할 수 없었지만, 연탄 아궁이에는 언제나 따뜻한 물이 있었다. 어머니를 여읜 가슴에 불던 냉기가 차츰 빠져나

가는 것을 느낄 수 있었다.

 아파트 생활이 보편화되면서 부엌은 주방이라는 이름으로 불리게 되었다. 주방의 땔감은 내 손으로 갈지 않아도 되고, 밸브만 돌려도 불이 나오는 가스레인지가 음식을 익혀 준다. 주택의 구조는 아파트와 다를 바 없지만, 아버지께 주방은 영원한 부엌이다. 신발을 신지 않아도 되고 바람을 통과하지 않아도 갈 수 있다. 아버지의 부엌은 부엌에 걸맞지 않은 주방용품들로 채워져 있다. 김치냉장고, 알칼리 이온 정수기, 말하는 전기밥솥이 있다.

 아버지의 부엌.

 이곳에는 무질서가 존재한다. 모든 필요가 손닿는 대로 내려와 앉았다. 제자리를 잃고 방황하거나 엉거주춤 위태롭다. 식탁의 9할은 건강보조식품과 여러 가지 장류가 담긴 그릇이며 주방용 소모품들이 즐비하다. 음식을 차릴 수 있는 공간이 거의 없다. 주부의 미적 감각을 알 수 있는 식기류는 자취를 감추었다. 아버지의 식탁에는 갓 지은 따끈한 밥도 없다. 신선한 채소도 없고 마주 앉아 같이 밥을 먹을 식구도 없다. 아버지의 식탁은 있어야 할 것은 없고, 없어도 상관없는 것들만 쌓여 있다. 혼자서 먹어야 하는 외로움은 이렇게도 표현이 된다.

 어머니가 돌아가시고 아버지의 일상은 위태롭게 흔들렸

다. 사십 대 끝의 젊은 아버지는 현실을 받아들이기가 힘든 듯했다. 미혼의 나는 어머니의 정지간을 책임지며 직장 생활을 했고 밤마다 무서움에 떨었다. 아침이면 나무를 지펴 물을 데우고 그 물로 출근 준비를 했다. 정지간은 서서히 단내를 잃었다.

결혼을 해서 집을 떠나온 뒤 친정집은 현대식 주택으로 바뀌었다. 건축비 마련을 위해 터의 절반 이상을 매각하고 옛집의 마당에다 새로 지은 아담한 집에는 새집에 어울릴 만한 물건들로 채워졌다. 유년의 추억이 깃든 물건과 어머니와 함께했던 공간들은 사라졌고, 이제는 공유할 그 무엇도 남아 있지 않았다. 그즈음 홀로 계신 아버지의 생활을 도우려 아이를 업고 친정을 드나들었다. 그때까지도 아버지는 부엌과 가까워지지 않았다. 언저리를 맴돌 뿐이었다.

다사다난했던 세월을 뒤로하고 아버지는 홀로 계신다. 홀로 서야 하는 것은 냉엄한 현실이었다. 자식들의 염려보다 당신의 두려움이 더 컸을지도 모른다. 잘할 수 있다는 호언장담에 애써 밝은 표정을 지으셨지만 생활 속 궁상이 보인다. 냉장고 속 갈비찜에 응고된 기름을 보고는 물을 부어 끓여 드셨단다. 짐짓 웃으며 기름을 제거하는 방법을 알려 드렸지만 이런 조리 정보도 아버지께는 소용이 없다. 맛난 갈비를 수육처럼 드실 수밖에 없는 것 또한 아버지의 현실이다.

아버지의 냉장고.

냉동된 국 덩어리가 냉동실을 채웠다. 냉장실에는 자잘한 찬통이 그득하다. 갖가지 김치와 밑반찬의 가짓수가 우리 집보다 많다. 딸과 며느리는 물론이고 일가와 이웃들이 들여 넣어 주는 음식들이 차곡차곡 쌓여 있다. 찬통을 열어 보니 오래되어 상한 것도 있다. 반찬은 많았지만 진정 먹고 싶은 음식은 없었던 것일까. 차마 버리지 못한 정만 남았다. 냉장고를 정리하자 빈 찬통이 부엌의 한 공간에 쌓인다. 자잘한 공허가 쌓인다. 임신한 내가 어머니의 음식을 그리워했듯이, 아버지도 어머니가 해 주시던 음식을 먹고 싶은 날이 있지 않았을까.

먼지와 밥물로 범벅이 된 전기밥솥의 뚜껑을 연다. 향내나 빛깔은 사라지고, 찰기마저 잃은 밥은 떡이 되어 누웠다. 그저 전기가 유지해 주는 온도만 남았다. 이것이 아버지의 밥이다. 밥솥을 닦고 다시 밥을 짓는다. 구수한 밥 냄새가 먼지 쌓인 부엌을 휘감는다. 갓 무쳐 낸 나물 향이 빛바랜 벽지를 향해 난다.

아버지는 부엌을 기웃거리며 참견을 한다. 딸을 믿지 못해서가 아니라 온기 있는 음식에 대한 기대로 설레는 것 같다. 해동이나 데운 음식에 익숙했던 아버지. 우린 알고 있지 않은가.

그런 음식은 배를 채워 주기는 해도 진미가 없다는 것을. 아버지의 일상에서 조리의 과정이란 생략할 수밖에 없었던 필요였다. 그 필요가 아버지의 미각세포를 반응시킨다. 요리를 할 수 없는 아버지를 위해 한 끼의 성찬에 정성을 들인다.

아버지께로 향했던 원망이 사라진 것은 얼마나 다행스러운 일인가. 대못박이의 철없는 말에 아버지는 늘 살아 보면 안다고 하셨다. 미숙했던 나는 살아 보고 아는 것보다 먼저 알고 싶어 조바심이 났다. 걷지도 못하면서 날고 싶어 했다. 아버지의 말씀을 조금씩 이해하게 되면서, 질곡의 세월을 버텨 온 세상의 아버지들이 산으로 불리는 이유를 알겠다.

지난 설날, 친정의 가족들은 아주 특별한 떡국을 먹었다. 삐뚤삐뚤하고 뭉툭하게 썬 가래떡의 형상을 보며 더 즐거운 식사 시간을 보냈다. 혼자서 음식을 장만하고 손님을 치러야 하는 며느리를 도와주고 싶어 하신 일이었다. 떡집에서도 모양 있게 썰어 준다는 말은 하지 않았다. 몸이 불편한 아버지가 허리를 숙인 채 가래떡을 썰고 있는 모습을 상상하며 할 말을 잃었다. 아버지는 이렇게 부엌의 주인이 되고 있다. 부엌을 깔끔하게 정리하지는 못해도 당신의 생활에 책임과 정성을 들인다.

오랜만에 찾아온 딸에게 뭔가를 들려 보내고 싶은 아버지가 기우뚱거리며 부엌으로 간다. 어머니의 빈자리를 채워 주고 싶은 아버지. 당신의 뒷모습에 어머니의 모습이 겹친다. 훗날 우리 모두의 모습이다. 어수선하고 초라한 아버지의 부엌에서 대대손손 이어지고 있는 사랑과 영속되는 삶을 본다.

모티프

　　　　　간혹 잠들지 못하는 밤이 있다. 근심이나 걱정이 없어도 초저녁의 졸음을 이겨 낸 후유증은 밤이 깊어질수록 잠을 멀리 달아나게 한다. 책을 펼쳐 보아도 집중이 되지 않는다. 이 밤에도 자동차는 달리고, 밤을 잊은 사람들의 목소리도 두런두런 들려온다. 낮에는 들리지도 않던 벽시계의 초침 소리는 시간이 갈수록 더 명료해진다. 누가 고요한 밤이라고 했을까. 도저히 잠이 들것 같지 않다. 고요 속에서도 이런저런 이유로 소란스러운 밤이다. 고요를 모르는 도시의 밤에서 생애 처음으로 경험했던 그 밤을 만난다.

　중학교 1학년, 겨울 방학 숙제로 뜨개질 작품을 제출해야 했다. 주제가 정해진 것은 아니었고 작품이 크든 작든 제출만 하면 되었다. 곁눈질로 터득한 얄팍한 솜씨가 있었기에 뜨개질 숙제는 자신이 있었다. 이런 기회에 친구들과 차별화된 작품을 만들어 보고도 싶었다. 내가 조막손일 때, 여섯 살이 많은 언니는 끝없는 반복의 손놀림으로 조화로운 무늬를 만들어 내고는 했다. 눈썰미로 언니의 재능을 내 것으로 만든 나는 초등학생 때부터 자잘한 소품을 만들기도 했다. 이때 손끝의 작은 근육을 조절하는 힘이 완성되었던 것 같다.

　여러 개의 모티프 조각이 이어진 방석을 구상하고, 언니가 쓰다 남긴 자투리 실로 제작에 들어갔다. 네 가지 색깔을 이용한 모티프는 반듯하고 일정한 크기로 제법 괜찮았다. 방학이 끝나 갈 즈음에는 수십 장의 모티프가 만들어졌다. 방석의 아랫면이 될 사각의 큰 모티프도 완성되어 서로 연결할 과제만 남겨 놓고 개학을 기다렸다.

　모티프란 문학작품에서는 창작의 동기가 되는 생각이나 제재를 말하지만, 수예 작품의 기본 단위가 되는 무늬를 말하기도 한다. 한 코 한 코 짠 여러 장의 조각을 이어 근사한 작품을 만들어 내는 기본 조각인 셈이다. 수예 작품뿐이겠는가. 모든 일은 기본이 튼튼해야 좋은 결과를 이룰 수 있다.

　작은 모티프는 서로 연결해서 이어 주어야 작품이 된다. 모티프를 짜는 것은 도안을 보면서 했지만 이어 붙이는 작업은 교본이 없어서 쉽지 않았다. 주먹구구로 하다 보니 모티프 두 장을 잇기까지 풀었다 뜨기를 반복해야 했다. 어렵게 모티프를 이었으나 완성된 방석의 가장자리는 하늘로 향했다. 둥그렇게 말린 채 만세를 부르는데도 방석 솜을 넣으면 펴지겠거니 했다.

　개학 전날, 방석 솜을 넣어도 펴지지 않는 방석과 마주했다.

울다 지쳐 찡그리고 있는 방석을 차마 볼 수가 없었다. 마무리 작업을 다시 해야 했다. 완성된 방석의 해체 작업이 시작되고 올이 풀려나갈 때마다 투자한 시간과 정성이 아까웠지만 어쩔 수 없는 일이었다. 모티프는 넘어지는 도미노처럼 순식간에 조각나 자유를 선언했다. 다시 시작이었다. 졸리지도 않았다. 뭔가 해야 할 일 앞에서는 무의식적으로 솟아나는 집중력이 그날 밤에도 발휘되었다.

하늘에 별이 있었는지 달이 훤하게 밝았는지도 기억나지 않는다. 2월은 봄을 맞이하는 달이지만 날씨는 매섭게 추웠다. 문풍지 밖으로 겨울 밤바람이 지나갔을 텐데도 주위는 조용하기만 했다. 모두가 잠든 세상에서 나만 깨어 있었다. 어둠의 눈이 내 방을 보고 있다는 무서움으로 벽에서 등을 뗄 수가 없었다. 그 밤에 밤샘의 묘미를 알았고, 무서우리만큼 고요한 밤을 체험했다. 고요한 밤을 하얗게 보낸 첫 밤이자 잊지 못하는 숙제의 밤으로 남았다.

새벽이 밝아 올 무렵, 방석은 반듯한 사각의 형태를 갖추었다. 모티프의 가장 중심 부분을 상아색으로 시작해 노란색, 주황색, 올리브색으로 색깔을 맞춘, 요즘 말로 그러데이션 효과가 나는 배색의 방석이었다. 누구의 도움도 받지 않고 열네 살의 주먹구구로 만든 작품이었다.

그날 이후, 새벽까지 책을 보는 것으로 모자라 밤을 해뜩 새우는 경우가 잦았다. 불을 끄고 빨리 자라는 어머니의 걱정 어린 잔소리가 더해졌다. 방학 숙제를 하느라 긴 밤을 짧게 보냈던 그 겨울밤의 기억은, 간혹 어쩌다 찾아오는 잠들지 못하는 밤의 고요를 수월하게 넘기도록 도와준다. 수없이 많았던 숙제 중에서도 그 겨울 방학의 숙제는 성취의 기쁨이자 최초의 밤샘 기억이다.

숙제는 물론이요, 규칙은 꼭 지켜야 하는 숙맥에다 재미없이 곧은길만 가는 아이였다. 눈에 띄지 않으면서 순진하고 평범한 시골 아이의 전형이었다. 농사를 짓는 부모님의 자식으로서 하교 후 집안일을 돕는 것은 당연했다. 모내기 철이 되면 어머니를 대신해 아침밥을 지어야 했고, 설거지를 마치고 학교엘 가느라 허겁지겁 울먹이며 집을 나서기도 했다. 집과 학교가 가깝다 보니 집안일도 해야 할 과제이자 숙제였다.

거역을 모르던 아이에게 "공부는 학교에서 하고 집에 오면 집안일을 해라."라는 말씀은 기회였다. 옳거니! 이후 학교에서 숙제를 해결하고 집으로 오는 방법을 택해 집안일을 줄일 수 있었다. 숙제가 없는 날에도 교실에 홀로 남아 학급문고를 읽고는 했다. 남보다 늦은 귀가에 따른 잔소리도 세계 명작과 위인전을 읽는 즐거움으로 물리칠 수 있었다. 내가 글을 쓸 수 있는 작은 모티프도 그렇게 만들어졌다.

여러 장의 작은 모티프를 짜서 방석을 완성했듯이, 일상의 소소한 언행과 생각의 조각들이 모여 반평생을 이뤄 왔다. 내면에 자리한 이야기들을 하나둘 이어 붙이며, 용케도 잘 버텨 온 것 같다. 모티프를 이어 붙이며 까만 밤을 하얗게 새웠던 그런 열정이 다시 찾아올까 싶다. 밤을 새워 가며 해야 할 만큼의 숙제가 주어진다고 해도, 해내고자 하는 열정보다 하지 않고 버틸 수 있는 배짱이 슬슬 생겨나고 있으니 말이다. 잃어 버린 순수는 어디에서 찾을까.

그래도 다행인 것은 삶의 중심에서 매 순간 또 다른 모티프가 만들어지고 있다는 것이다. 순간이 기억으로 남아 훗날의 나를 만들 것이라는 생각을 하면 긴장의 끈을 놓을 수도 없다. 천천히 단순하게 살고 싶은데 작은 모티프 하나를 위해 숨이 찰 때도 있다. 뜨개질의 모티프는 해체가 되어도 다시 이어 갈 수 있지만, 내 인생을 조각낼 수 없기 때문이다. 이 마음을 지키기 위해 오늘이라는 가장 소중한 모티프를 매일 엮는다. 남은 생의 숙제가 많다.

명복은 빌었나요?

 아이가 물었다. 명복은 빌었느냐고.
'명복은 무슨……. 저의 운명인 것을…….'
 저녁내 속이 거북하고 잠자리가 뒤숭숭했던 것은 다 이유가 있었다.
 새벽에 들려온 자명종의 수탉 울음소리를 듣고서야 이성을 찾는다. 요 며칠 동안 숨겨져 있던 야성 본능을 슬금슬금 드러내며 얼마나 즐거웠던가. 약육강식의 자연생태계가 당연하다 해도, 닭이 우는 이 순간만큼은 공기와 이슬만 먹고도 살 수 있었으면 좋겠다. 그래야 진정한 만물의 영장이라고 말 할 수 있을 것 같다.
 전갈이 왔다. 모월 아무 날에 친정집에 모여 닭을 잡아먹자는 내용이었다. 이후 친정의 형제들은 서로 닭을 잡아먹으러 갈 것인지를 확인하며 어색한 웃음을 날렸다. 음식점으로 닭고기를 먹으러 가는 것도 아니고, 잘 살고 있는 닭을 운명시켜 영양 보충을 하자는 말이었으니 달리 표현할 말이 없기도 했다. 우리는 모두 킬러가 된 자신들의 입이 민망해 말끝을 흐렸다.

도시에서 직장 생활을 하는 동생은 주말을 이용해 농사를 짓는다. 친정집의 텃밭까지 돌보며 땀내 나는 노동을 즐긴다. 농사가 취미인 셈이다. 누나 형들에게 의지할 수도 있겠지만 묵묵히 솔선수범을 보여 주는 믿음직한 막내이다. 홀로 계신 아버지를 가장 자주 찾아뵙고 보살펴 드리는 살뜰함까지 갖췄다. 이런 동생이 병아리 열 마리를 사서 아버지에게 맡겼다. 잘 키워 형제들의 몸보신을 시켜 주고 싶었으나, 그 시기가 언제일지는 몰랐다.

병아리는 아버지의 가족이 되었다. 홀로 계신 적적한 마음을 병아리에게 쏟으며 키우셨다. 병아리가 자라 닭이 되자 아버지께는 새로운 고충이 생겼다. 옛날처럼 새벽마다 울어 주는 고마운 닭이 아니었다. 닭의 울음소리를 수십 년 만에 듣다 보니, 그것은 새벽녘의 굉음이었다. 새벽 일찍 울어 젖히는 것도 모자라 시도 때도 없이 홰를 치는 소리에 지친 것이었다. 네 마리의 수탉이 돌아가며 우는 소리는 상상만으로도 짐작이 된다. 이웃에 민폐를 끼치는 지경에 이르러서야 아버지는 동생에게 날을 잡아 보라는 통지를 넣으셨다. "장닭들이 울어 싸서 못 살 것다"는 아버지의 불편을 해소해 드릴 의무와 함께 우리는 친정으로 모여들었다.

운명의 전날.

불길한 예감이라도 있었던지, 닭들은 닭장을 빠져나와 배회하고 있었다. 수탉들은 선홍빛 벼슬이며 빛나는 황갈색 털에다 늠름하고도 잘생긴 외모로 죄책감을 더 부추겼다. 평소 친정을 들락거리면서도 닭장에는 눈길 한번 주지 않았었다. 닭 또한 손님을 의식했는지 없는 듯 조용하기만 했다. 이럴 줄 알았으면 모이를 넣어 주는 선심이라도 베풀 걸 그랬다. 우렁찬 목소리 한번 들어보지 못한 애석함을 느끼며 우리는 아버지가 잘 키워 놓은 닭들을 감상했다. "미안해서 우짜노!" 하면서도 저 닭의 숨통을 어떻게 조일지를 걱정했다.

  날이 밝았다. 올케들은 점심때를 맞춰 오라고 했지만 닭 잡는 날의 풍경을 보고 싶은 생뚱한 호기심이 일었다. 서둘러 갔지만 도착했을 때는 이미 단백질이 익어 가는 열기와 냄새로 후끈거렸다. 닭들은 튼실하고도 허연 허벅지를 드러낸 채 뽀얀 아미노산 화합물을 뿜어내고, 기름을 걷어 내는 올케언니의 이마에는 알땀이 송골송골했다. 푹 삶아 내온 고기 앞에서 우리는 입을 다물 수 없었다. 닭이라 믿기지 않을 만한 크기와 색깔에 압도당한 것이다. 질겨서 먹기 곤란할 것이라는 우려는 기우였다. "그래! 이 맛이야. 이 맛이야!" 쫀득쫀득한 살코기를 씹으며 우리가 한 말은 이 말뿐이었다. 맛의 최고봉은 '이 맛'이라는 것을 실감했다.

조카는 아침 일곱 시부터 온 가족이 겪은 촌극을 무용담처럼 들려주었다. 닭을 처음 잡아 보는 오빠와 동생은 텔레비전에서 보았던 닭 잡는 비법을 써 보았으나 실패했고, 우여곡절 끝에 모가지를 비틀어 눕혀 놓은 닭이 울면서 일어나 혼비백산했단다. 피를 흘리며 도망가는 닭을 다시 잡아 오느라 진땀을 흘린 애기에 진저리를 치면서도 한바탕 즐거운 소란을 피웠단다.

어린 시절에도 해마다 여름이 되면 집에서 키운 닭으로 몸보신을 했다. 닭장이 흔들리기는 했으나 거사는 조용히 치러졌고, 구경꾼인 우리는 그저 즐거웠다. 침샘을 자극하며 부드럽게 혀에 감기던 그 맛을 어이 잊을 수 있겠는가. 동생은 그런 풍경을 두 아들과 조카들에게 보여 주고 싶었던 것 같다. 식구만 늘었을 뿐 그때와 다름없는 풍경 앞에서 아들딸 며느리, 사위에 손자 손녀들까지 올망졸망 모여 앉은 모습을 아버지는 흡족히 바라보셨다.

한여름에 먹는 보신탕은 땀을 뻘뻘 흘리며 먹어야 제격이겠지만, 냉방이 잘된 방에서 땀 한 방울 흘리지 않고 우리들의 꼬부랑 잔치는 막을 내렸다. 포만감으로 든든해진 배를 두드리며 썰물처럼 친정을 빠져나왔다. "암탉은 언제 잡아먹지." 돌아오는 차 안에서 우리는 남아 있는 닭들의 명을 재촉하는 대화를 하며 희희낙락했다. 이날의 기억만으로도 한동안은 즐거이 웃을 수 있을 것 같았다.

 우리에 든 가축을 보며 맛을 느끼지는 않았지만, 집에서 키우던 가축이 쫄깃쫄깃한 고기로 변하는 것을 보며 성장했다. 가축에 대한 동정도, 개체가 가진 생명의 소중함도 생각해 보지 않았다. 텃밭에서 자라고 있는 먹거리와 다름없었다. 특별한 날을 위한 일용할 양식과도 같아서 그저 맛이 있으면 되었다. 모기 같은 미물도 가족 중 가장 어린 사람의 보드라운 피부만 공격하는 속성을 보면, 맛있는 걸 찾는 것은 생명체의 본질이리라. 애써 변명을 하면서도 눈앞에서 노닐던 수탉의 환영을 본다.

 아이는 식탁에 올라온 멸치나 생선을 꺼린다. 눈이 자신을 보는 것 같아 못 먹겠단다. 육류가 식탁에 오를 때마다 "명복" 운운하며 식욕을 떨어뜨리기도 한다. 위트로 생각하며 번번이 웃어넘겼지만 오늘따라 딸의 한마디 말이 마음을 켕기게 한다. 현대인이라고 자처하면서도 먹이사슬의 맨 꼭대기에서 거침없는 사냥으로 명을 이어 가고 있으니, 명복을 빌어 주는 것은 당연한 일이겠다. 새벽마다 울어 젖히는 자명종의 수탉 울음소리를 경쾌한 음악으로 바꾼다. 빨리 잊는 것이 상책이므로. 빨리 잊고 또 먹어야 하는 이 순환의 고리가 있기에 감사하며 오늘을 산다.

송홧가루 날리면

　　내리던 비가 그쳤다. 동그란 물웅덩이에 비친 하늘마저도 맑다. 봄바람이 살짝 물결을 건드리고 지나간다. 너도 연못이구나. 흐르지 못하고 갇혀 버린 물이구나. 앙증맞은 물방울이구나. 물결이 반짝 몸짓을 보낸다. 손바닥 크기만 한 웅덩이에 봄이 가득하다.

　"송홧가루가 날리면 당신이 생각난다."라는 진의 목소리에 깊은 정이 담겼다. 침착하면서도 듣기 좋은 목소리다. 언니 같은 자상함과 때로는 동지애를 느끼게 하는 화술로 상대를 배려하는 성품이 목소리에서도 느껴진다. 뭐가 그리 즐거운지 특유의 웃음소리가 전화기 선 너머에서 아지랑이처럼 핀다. 산행 중의 숲이라고 했다.

　주부의 삶에 대해 말할 때, 진흙 위에 꽃을 피우는 연처럼 고귀하고 향기로운 일이라고들 한다. 그 어떤 희생과 봉사에 견줄 수 없다는 격려와 찬사다. 가족들이 각자의 영역에서 능력을 발휘할 수 있도록 사랑을 쏟는 주부의 역할을 말한다. 진은 이러한 주부의 자세를 잘 지키며 묵묵히 자신의 길을 걷는다.

　모처럼의 전화는 잊었던 기억을 떠올리게 했다. 꽃가루 날리는 봄날의 풍경처럼 흐릿해진 오래전 기억이다. 사월의 마지막 즈음이던 봄이었다. 아이의 손을 잡고 아파트 계단을 오르던 낯선 여자는 초췌하고 기운이 없어 보였다. 저쪽에서 먼저 인사를 하며, 비어 있는 옆집을 보러 왔다고 했다. 외출을 뒤로 미룬 채 기꺼이 가이드 노릇을 했다. 사원 아파트에는 살아 보지 않아 궁금한 것이 많다며 이것저것 질문을 하는 그에게 성실한 답변을 해 주었다. 그 봄에 진의 가족은 우리의 이웃이 되었다.

이사를 왔을 때 그녀의 얼굴은 뿌연 오늘처럼 흐린 낯빛을 보였다. 간혹 현관문이 열려 있어 들여다보면 혼자 우두커니 창밖을 보고 있기도 했다. 명분 없이 남의 집 방문을 잘 하지 않는 성격인데도 왠지 옆집으로 마음이 쓰였다. 노크라도 해서 보면 아픈 사람처럼 초점 없는 눈빛을 보이기도 했다. '불치병이라도 앓고 있나!' 지레짐작하며 조심스럽게 왕래를 했다. 둘째 아이가 어린이집을 다니게 되면서부터 오전 시간이 한가했기에, 진의 권유를 받아들여 함께 아침 운동을 시작했다. 아침마다 산을 오르며 우리는 친구가 되었다.

아이를 가슴에 묻은 통증을 나는 알 수 없었다. 뉴스의 기사여야 했고 소설 속 이야기라야 했다. 위로라는 말도 생각나지 않았다. 머리가 하얘져서 아무런 말도 할 수 없었다. 세상에 넘치는 말과 글이 소용없는 순간이었다. 주변의 것이 사라지고 그와 나만 우주공간에 있는 것 같았다. 심신이 지친 진의 얼굴을 마주하며 입을 열게 한 자신이 송구할 뿐이었다. 그리고 우리는 아무 말이 없었다. 고요 속에서 그녀의 눈물만이 숨을 쉬었다.

우리가 살았던 곳은 남편이 다니는 회사의 사원 임대아파트였다. 남편과 아빠들이 같은 회사에 다닌다는 이유로 이웃이 된 부녀자들은 내 집 네 집 경계도 없이 드나들며 살았다. 한 아이가 감기라도 걸리면 위, 아래층 아이들이 덩달아 감기를 앓기도 했다. 아이 중 누구의 생일이 되면 4층 계단을 따라 여덟 가구의 엄마와 아이들이 모였다. 작은 파티가 잦았다. 그런 어울림이 불편할 때도 있었지만 아이들에게는 유년의 추억을 만든 곳이다. 이웃들은 좀 더 넓은 집으로, 다른 도시로 떠나기도 했다. 많은 이웃을 떠나보내고 맞이하면서 우리 가족은 그곳에서 10년을 살았다. 진은 많았던 이웃 중에서 가장 짧은 기간을 함께했지만 여전히 긴 인연을 이어 오고 있다.

마음을 추스르기 위해 살던 곳을 떠나 이사를 왔던 진은 그곳에서 6개월가량을 살았던 것 같다. 얼굴빛으로 마음이 회복되어 가는 걸 느낄 수 있었다. 가족들의 염원이 닿았는지, 새 생명을 잉태 받자 화색이 돌기 시작했다. 말로 다 할 수 없는 슬픔을 가슴에 묻은 채 그렇게 옛 이웃에게로 돌아갔다. 가끔 서로의 집을 오가며 아이들이 자라는 모습을 봐주었다. 자주 만나지는 못해도 소식은 주고받으며 마음속 친구로 자리 잡았다. 이후 우리는 단 한 번도 그 일을 입에 올리지 않았다.

가끔 저녁 뉴스에서 사고 소식이 전해질 때면 진을 생각하지 않을 수 없었다. 그녀의 눈물이 떠올랐다. 견뎌 낸 시간의 고통이 떠오를 때마다 그녀의 배포가 그저 얻어진 것이 아니라는 슬픔이 교차되었다. 평생 운전을 못 할 것 같다던 진은 어느 날 차를 몰고 나타났다. 너무도 씩씩하게 자신의 능력이 묻힐 뻔했다며 웃었다. 불교에 귀의하여 자신을 다스리던 진의 모습에서 해탈을 보았다. 진의 성품으로 볼 때, 어머니의 깊은 사랑 속에서 자랐을 아이와 진의 사랑이 그녀의 마음 한가운데 살아 있음이 보였다.

만남이란 동시에 일어나는 현상이다. 인연이라는 고리로 연결되어 인생사 희로애락을 함께한다. 관계를 이어 온 시간만큼의 기억을 공유하면서도 각기 다른 형태의 기억을 만든다. 우리는 같은 날 같은 시각에 만났지만 서로 다른 기억으로 남았다. 나는 그녀에게 송홧가루와 함께한 봄날의 추억이 되었고, 그녀는 눈 위에 떨어진 동백마냥, 애절하고 강렬한 기억을 내게 남겼다.

"우리 둘이 산에 다닐 때 송홧가루가 오늘처럼 이렇게 날렸잖아." 고개를 돌려보니 세상이 뿌옇게 흐려 있다. 그녀의 목소리는 청명한 하늘 아래 선 사람처럼 유쾌하고 상쾌하다. 솔숲의 향기까지 전해 주는 것 같다. 바로 볼 수 없었던 진의 슬픈 눈빛을 기억 속에서 지운다. 인생의 고비를 묵묵하게 이겨낸 품성이 예쁘고도 고맙다. 모두가 함께 가는 세상이다. 바람이 불면 흔들리고 꽃이 피면 향기를 전한다. 비가 오면 묵묵히 비를 맞고 그렇게 함께 간다.

진의 전화는 무사태평한 일상에 물음표 하나를 던져 놓았다. 밤하늘에 뜬 별을 바라볼 수 있는 여유가 내게 있었던가. 내게서 위안을 얻은 사람은 있었던가. 나로 인해 가슴 아팠던 사람은 없었는지 자문해 본다. 잠시 침묵했던 나는 뿌연 공기 속으로 스며든다. 황사도 송홧가루도 용서한다. 봄에만 즐길 수 있는 풍경이니 아껴 보아야겠다. 뿌연 풍경 위로 오후가 내린다.

한 시간 반의 단상

　　　　　물푸레 빛 바람이 나뭇가지를 흔든다. 나뭇잎 하나가 맴을 돌다 떨어져 내린다. 단풍이 들기도 전에 까칠하게 말라 떨어진 나뭇잎이 발아래 수북하다. 태풍이 지나간 해변은 가을이 오기도 전에 깊은 가을의 정취를 만들었다. 꽃이 질 줄 모르던 이 길에 가을이 오고 있다.

　해가 비친 수면은 푸르지도 맑지도 않다. 가을의 문턱에 선, 꼭 이 계절만큼의 설익은 빛깔이다. 심심한 바다 위에 무늬를 만들고 있는 배들을 넘어 대도시 부산이 가깝다. 맑은 날이면 멀리 대마도가 선명하게 보이는 이곳은 동네의 뒷산이자, 아침저녁으로 걷기 운동을 하는 사람들이 즐겨 찾는 해안 산책길이다.

　몇 년 만에 다시 이 길 위에 섰다. 지하철 교각 아래로 흐르는 천변을 걸으며 거대한 도시의 자연에 위협을 느낀 적이 있었다. 머리 위로 지하철이 빠르게 지나갈 때마다 흔들리는 몸을 추슬러야 했다. 교각 아래에 선 나는 익룡이 날아다니는 하늘과 거대한 공룡의 나라에서 멀미를 느끼기도 했다. 줄지어 달리는 차들과 쭉쭉 뻗은 길가의 높은 빌딩도 현대인의 심리가 반영된 도시의 자연이라는 것을 인정해야 했다. 큰 것을 좋아하는 사람들이 만든 쥬라기공원을 걸으며, 이내가 흐르는 숲과 여백이 많은 이 해안 산책길의 은혜를 새삼 깊이 느끼게 됐다.

  길은 늘 그냥 그렇게 있었다. 조용하고 아늑했다. 봄이면 벚꽃이 만개하고 계절마다 갖가지 꽃들이 피어났다. 길을 걸으며 빈 가슴을 채웠고 그렇게 내일을 맞이할 힘을 얻고는 했다. 세상과 나 사이의 관계가 위태로울 때 찾아왔던 곳도 여기다. 일출을 보며 희망을 얻었고 지는 해를 보며 붉은 노을이 되리라 했다. 바다를 넘어 도시로의 입성에 성공한 사람들의 용기를 부러워하기도 했다.

  해안선을 따라 조성되어 울퉁불퉁 굴곡이 심한 것은 이 길의 매력이다. 끝나는가 싶다가도 다시 나타나 이어지니 예측할 수 없는 우리네 인생과도 닮았다. 앞에 누가 가고 있는지, 뒤에 누가 오고 있는지 알 수 없다. 다만 굽이진 모퉁이를 도는 순간, 길 위에 나 혼자 선 것이 아니라는 것을 알게 된다. 이 길에서 봄이 오는 소리를 들었고 꽃의 향기를 맡았다. 가족이 함께한 시간이 가장 많은 추억의 장소이기도 하다. 아이들의 걸음에 맞춰, 걷다가 쉬다가 달리다가 지친 몸을 이끌고 돌아오기도 했다.

  매미라는 이름의 큰바람이 불어와 거제를 초토화하고 물러간 적이 있다. 3일간의 단수와 정전은 일상의 흐름을 바꾸어 놓았다. 밤이면 촛불을 켜고 일찍 잠자리에 들어야 했다. 어두워지기 전에 저녁을 먹고 할 일이 없어진 이웃들은 이 길로 모여들었다. 가로등도 점멸되어 칠흑같이 어두운 해안 산책로가 인산인해를 이루었던 그 밤에, 아이들은 하늘에서 내려온 별을 처음으로 보았다. 걷고 있는 사람들 사이에서 반짝이던 반딧불이가 머리 어깨 손등으로 내려앉아 미리내를 이루었던 그 여름밤을 우리는 잊지 못한다.

모퉁이를 돌아 나오자 저 멀리 누군가가 걸어가고 있다. 이 길 위에 서면 모르는 사람의 뒷모습도 오래 응시하게 된다. 얼굴을 보지 않아도 사람의 뒷모습은 그 사람의 전부를 말해 준다. 앞서가는 사람은 세상을 품에 안은 듯 걸음걸이에도 여유가 있다.

길은 변함이 없다. 쭉쭉 뻗었다가 내리막을 주고, 둥글게 돌다가 오르막을 주기도 한다. 그런데도 익숙해서 편하다. 바다와 숲 사이로 난 길을 따라 걷는 이 시간은 내 안의 진짜 나에게 말을 걸어 주는 시간이다. 무거웠던 마음이나 원망과 갈등도 이 길을 걸으며 털어 내었다. 나의 삼사십 대 무게의 대부분은 이 길 위에서 가벼워졌다. 스스로 위로했고, 위로받은 영혼은 가던 길을 돌아 집으로 오고는 했다.

바다를 건너지 못한 이쪽의 사람으로 사십오 년을 살았다. 우물 안의 개구리로 퐁당거리며. 우물의 크기 그만큼의 하늘만 보며 살고 있다. 대처의 공기를 맛보고 돌아온 나는 이제 옛날의 그 우물 속 개구리가 아니다. 오래 입어 낡았어도 편안한 옷처럼, 익숙했기에 몰랐던 가치를 하나하나 재발견한다. 바다 깊이 뿌리를 내린 산과 그 산의 초목을 강건하게 해 주는 바다를 보며 글감을 찾고 문장을 만든다. 잠시 건너갔던 부산에서 맺었던 귀한 인연도 부산과 거제 사이의 저 바다 위에 걸쳐 놓았다. 그 인연을 지키기 위해 부산 앓이를 거두지 않고 먼바다를 보며 걷는다.

내가 변해 온 만큼 길에도 역사가 있다. 아이들의 손을 잡고 산책을 나왔을 때 이 길은 산속의 오솔길이었다. 두 사람 정도가 편하게 걸을 수 있는 폭신하고도 부드러운 길이었다. 길은 서서히 확장되었다. 넓어진 입구를 보고 차로 들어섰다가 오솔길을 다시 만나 낭패를 봤던 적도 있었다. 그렇게 조금씩 넓혀진 길은 아스팔트로 포장이 되어 동네 사람들의 산책로요 운동코스라는 기호로 자리 잡았다.

해무가 끼어 바다와 하늘의 경계가 흐릿해지는 날이면 길은 한 폭의 수묵화가 된다. 안개에 갇혀 앞이 보이지 않는 고립을 주기도 한다. 몸을 날려 버릴 기세로 몰아치는 해풍을 맞으면서도, 계절마다 다시 새로워지는 나의 산책길이다. 모두의 길이면서도 지금 이 순간은 오로지 나의 길이다.

  길 위의 나그네가 되기 위해 집을 나선다. 걸어서 지구를 세 바퀴 반이나 돌았다는 사람에 비하면 보잘것없는, 한 시간 반짜리 제자리걸음을 매일 반복한다. 갯내가 스며든 숲에서는 메케한 근원의 냄새가 난다. 숲의 향기는 혼자 걷는 고독한 작업에 활력을 주고 심신을 정화시켜 주는 방향제와도 같다. 지구 위에 한 점으로도 남지 않을 발자국이지만 꿋꿋이 걷는다.

  해안로 끝자락에 마을이 보인다. 내 몸의 감각이 잡다한 일상을 받아들일 준비를 한다. 한 시간 반의 단상을 접고 글과 문장도 버린다. 생성과 소멸을 반복하는 자연처럼 나의 문장도 만들어지고 버려지기를 되풀이한다. 깊이를 보이지 않는 바다와 마음이 닿을 수 없는 하늘을 보며 혼자 산만했던 것이 부끄럽다. 산책로에서의 단상이 꿈이었던 듯 재바르게 생활의 길로 발걸음을 옮긴다.

───── 숨비소리

　　　　한파가 물러나니 미리 온 봄날 같다. 웅크렸던 어깨를 편 사람들의 활보에도 생기가 넘친다. 지난해의 끝자락부터 망울을 터트린 매화도 만개했다. 봄이 오고 있기는 하나 보다. 쪽빛의 하늘과 바다도 한 폭의 봄을 담은 듯하다. 매립을 하여 잘 정비된 수변 공원이 바다를 품었다. 사람을 품었다.

　방파제의 난간에 선 낚시꾼들은 바다를 낚는다. 아이들의 저녁 만찬을 위해 갯바위에 올라앉은 아비의 몸짓이 아슬아슬하다. 아버지를 응원하는 아이와 지아비의 안전을 비는 여인의 눈빛은 간절하다. 저들의 행복한 한때를 바라보던 나는 미끄러지면 어쩌나 오금이 저려 온다. 석고상처럼 낚싯대를 드리우고 앉은 늙은 남자는 거대한 침묵을 낚느라 온 힘을 집중하고, 꿈을 낚는 젊은 청춘들은 희희낙락 즐거운가 보다. 팔딱이는 학꽁치를 도마 위에 올려놓고 회를 뜨는 중년의 남자와 그 곁에서 훈수를 두는 남자의 목에서는 침이 꼴깍거린다.

　이런 풍경 속으로 새까만 고양이 한 마리가 어슬렁거리며 나타났다. 낚시꾼에게서 얻은 한 쪼가리의 바다를 전리품처럼 입에 물고 득의양양하다. 고양이의 입에 물린 전어는 지느러미를 팔랑이며 도망갈 기회를 노린다. 먹이를 보고 나타난 두 마리의 고양이가 쟁탈전을 벌인다. 목구멍이 포도청인데 뺏기겠는가. 멀찍이 앉아 군침만 흘리는 두 녀석은 체면을 차리면서도 꼬리라도 남겨 주길 바라는 눈치다. 군침을 흘린 건 고양이만이 아니다. 학꽁치에 군침을 흘린 나도 그 자리에 끼어들지는 못하고 멀찍이 떨어져 앉았다. 생존경쟁이 치열한 곳에서 나는 언제나 구경꾼이다.

포식을 마친 고양이는 소화라도 시킬 양인지 공원 경내를 유유자적 걷는다. 고양이를 따라 걸으며 달팽이관을 흔들고 지나가는 소리에 귀를 기울인다. 들은 적은 있지만 익숙하지 않은 소리가 청각세포를 자극해서다. 새까만 물체를 중심으로 바다가 파동을 일으킨다. 곧이어 다시 들려온 소리에 걸음을 멈추었다. 새의 소리 같기도 한 휘파람 소리가 직각으로 난다.

해녀의 자맥질은 수중 발레리나의 몸짓과 닮았다. 색이 다른 두 개의 갈퀴가 노랑과 파랑의 기호를 남기고 바닷속으로 사라진다. 물비늘이 번진다. 검푸른 바다에 눈을 고정한 지 2분쯤 되었을까. 수면을 뚫고 나온 해녀의 까만 머리를 보고서야 나도 안도의 숨을 내쉰다.

물 위로 올라 온 해녀는 숨을 들이켜기보다 내쉬기를 먼저 한다. 참았던 시간만큼 쏟아 내는 긴 숨소리, 내 귀를 자극한

소리는 해녀의 '숨비소리'였다. 휘파람을 불며 언덕을 넘어가자고 노래하던 그 휘파람 소리가 아니다. 사람의 성대에서 나오는 소리 같지도 않다. 명료하고 집약된 소리를 일정한 간격에 따라 뱉어 낸다. 가늘고도 긴 된소리다. 생명을 잇기 위해 단련한 고도의 질서가 있는 소리다. 유산소와 무산소의 경계에서 내는 소리인 만큼 절박하다.

숨을 고르는 시간은 잠수의 시간보다 길다. 고통을 삭이면서도 새로운 잠수를 위한 도움닫기를 하는 시간이다. 영상으로 본 해녀의 일터는 가 보고 싶은 미지와 꿈의 세계였다. 인어의 몸짓으로 유유히 유영할 수 있는 곳, 그곳을 빠져나온 사람의 응축된 숨소리가 당혹스럽다. 숨을 참아야 하는 해녀에게 삶과 죽음의 경계는 어디일까. 소리의 파동인지 물결의 파문인지, 분간할 수 없는 물결이 펼쳐졌다 접히기를 반복한다.

한겨울에 물질을 하는 것은 단순한 취미 활동이 아님을 안다. 물속은 살기 위해 발버둥 치는 세속적인 공간이기도 하고, 숨을 쉬지 않아도 되는 신성 공간일 수도 있다. 오리발 한 쌍이 길을 잃은 듯 머뭇거리다 바다 저 깊은 곳으로 미끄러지듯 사라진다. 해녀의 자맥질이 화려하고도 유연하다. 수영을 할 줄 모르는 나의 시선은 수면 위에 머물면서도, 그들의 숨결을 따라 용궁으로 향하는 상상을 한다. 나로서는 끝내 닿을 수 없는 전설 속 용궁으로.

　먼바다에서 들려오는 맑은 새소리를 들었던 적이 있다. 기본적인 상식에서 그것은 돌고래나 갈매기 소리와는 다른 해녀의 숨소리였다. 오늘 이렇게 근접한 위치에서 이 소리를 들으니, 이승과 저승을 오가는 언어가 있다면 숨비소리가 바로 그 언어이지 않을까 싶다. 수명을 다하고 떠나는 사람의 마지막 숨에는 어떤 절박한 심경이 있을까.

　살고자 으르렁거리던 고양이도, 갯바위에 앉은 아비도, 낚싯대를 드리우고 침묵하던 사내도, 횟감에 목젖이 젖던 아저씨도, 간절한 어느 한순간을 위해 가슴 깊이 숨을 모으는 중이라면 나는 부끄럽다. 수변 공원의 돌계단에서 나만 홀로 한가로웠기 때문이다. 해녀와 눈이 마주쳤다. 그녀의 지각 체계 안으로 나의 허영이 비치지 않았으면 좋겠다.

　먼지 한 올도 받아 주지 않을 만큼 빛났던 바다가 빛을 잃어 간다. 갸웃하게 채워진 망사리를 끌고 포구로 향하는 해녀의 소리도 잦아든다. 이런 풍경 속에서 한껏을 까먹고 말았다. 구경꾼의 채신에 맞는 얕은 숨을 짧게 내뱉고는 공원을 빠져나왔다. 해도 서쪽 산을 넘었다.

십 원의 대가

자갈길을 걷고 또 걸었다. 스륵거리는 소리와 함께 흙먼지가 풀풀 날아올랐다. 부모님을 따라다니던 논과 밭을 지나자 길은 사라지고 나타나기를 반복하며 이어졌다. 이웃 동네로 간다는 설렘을 드러내지는 않았지만 흥미로운 일이었다. 태어나 자란 동네와 앞 동네, 옆 마을 등 생활 반경에 보이는 세계밖에 몰랐으니, 그곳은 말로만 들었던 미지와도 같은 곳이었다. 육촌 언니와의 동행이었다.

아이 적의 우리는 모두 순수 그 자체였다. 그중에서도 가장 어진 사람으로 기억되는 언니는 목소리, 표정, 몸짓까지도 따뜻하고 편안했다. 언니에게도 화가 나는 일이 있었을 텐데 화를 내는 모습을 보인 적이 없었다. 마음이 약해서 잘 울고 잘 웃기도 하는 순둥이였다.

다른 동네로 간다는 기대가 컸다. 새 옷을 입은 자부심과의 동행이기도 했다. 추석 선물로 받은 짧은 치마와 파란색 팬티 스타킹을 입고 낯선 동네에서 뽐내고 싶었던 것인지도 모르겠다. 심부름의 임무는 뒷전이었다. 좋아하는 언니와 함께 외출에 나선 그것으로 좋았다. 초등학교 1학년 가을이었다.

논밭 사이로 난 길을 따라 걷다 보니 강이 나타났다. 강과 산 사이의 강변길이 끝나고, 바다가 시작되는 지점에 있는 마을이 육촌 올케언니의 친정 마을이었다. 우리 동네와 그 동네 사이에는 마을이 없었다. 걷다가 나타나는 첫 동네였기에 길이 무섭거나 낯설지는 않았다. 심부름은 소식을 전하는 것이었다. 아마도 언니가 그 내용을 전달하고 나는 동행자의 역할만 했을 것이다. 부모님의 보호 없이 동네를 벗어난 최초의 기억이다.

사돈 어르신은 고맙다며 살가운 웃음과 함께 십 원을 손바닥에 놓아 주셨다. 용돈이라는 것을 받아 본 적이 없었기에 터질 것 같은 기쁨으로 충만했다. 심부름의 결과가 가져온 감정의 변화는 기대 이상이었다. 집으로 돌아오는 내내 손은 자꾸 주머니를 더듬으며 십 원으로 살 수 있는 과자를 헤아렸다. 집에 당도했을 때는 심부름을 해낸 뿌듯함이 있었다. 낯선 동네를 다녀온 자부심에다 용돈을 얻었다는 기쁨으로 들떴다.

성취의 기쁨을 알리는 순간 주머니가 비어 있음을 알았다. 손에 땀이 차일 정도로 만지작거리며 지켰는데도 방심한 어느 순간 사라져 버린 것이었다. 자랑해야 했는데, 잘 간수하지 못한 자책감으로 맥이 풀려 버렸다. 돈을 가져 본 기쁨을 느끼자마자 잃어버린 상실감에다 아깝고도 안타까운 마음이 뒤범벅된 추석이었다. 원래 내 것이 아니었고 받지도 않았다는 위로를 스스로 하며 잊게 되었다.

 소외나 차별로 인한 서운한 감정이 찾아들 때도, 원래 없었다거나 내 것이 아니라는 생각으로 마음을 다스렸다. 내 것이 아니라는 내려놓음은 마음의 바탕이 되어 서운한 감정을 달래기에 좋았다. 주머니에 돈이 들어 있던 즐거움을 누려 본 그날 이후, 물건이든 돈이든 잃어버리지 않으려는 노력을 기울이게 됐다. 십 원을 잃어버리고 흘린 눈물의 값이었다고나 할까.

 아이가 오랫동안 모아 온 빨간 돼지 저금통을 열었다. 지폐를 비롯한 동전들이 쏟아졌다. 낙엽처럼 빳빳해진 지폐와 곰팡이가 슨 동전 더미를 분류하다가 십 원짜리 무더기 앞에서 잠깐 생각에 잠겼다. 십 원에 울고 웃었던 그해의 추석이 잊지 못할 선물이 되는 순간이었다. 지금은 스러져 버린 오래전 추억 속의 언니들이 바람결 속의 나뭇잎처럼 살아 움직였다.

 육촌 올케언니를 회고해야겠다. 이 올케언니는 큰집의 둘째 며느리로 나의 어머니와 나이는 같았지만, 항렬로는 5촌 당숙모와 조카며느리 사이였다. 집안의 딸들에게 그 언니는 "큰집 새이"였다. 대구에 살면서도 명절이 되면 시댁인 큰집으로 오고는 했다. 버스에서 내려 큰집으로 가려면 우리 집을 지나가야 했다. 보따리를 머리에 인 새이의 얼굴이 돌담 위에 얹혀 3층 탑처럼 보이기도 했다. 오랜만에 고향을 찾은 기쁨이 만면 가득했다. 해맑게 웃으며 담을 넘어 인사를 하고 잰걸음으로 사라지고는 했다. 큰 키에 순한 얼굴을 한 새이는 따뜻한 눈길과 온화한 미소로 남은 분이다. 새이의 부고가 온 날, 혼자서 내려앉는 가슴을 쓸어 올려야 했다. 나의 어머니처럼 젊은 나이였다.

좋은 사람을 구분하는 눈은 아이들이 더 밝다. 어린 눈에도 좋아 보였던 사람들, 그들이 그리운 것은 지나간 옛사람이라서가 아니고 좋은 사람이기 때문이다. 내 성장에 단비를 뿌려준 일가친척과 이웃, 친구가 그들이다. 애달픈 삶 속에서도 스스로 웃음을 만들며 주변을 밝힌 당신들이다. 이제는 멀어져 함께 호흡할 수 없는 먼 곳의 사람이 되었지만, 늘 마음 안에 있다.

오며 가며 나누었던 이야기는 기억하지 못해도 함께여서 좋았던 날. 그날은 눈부심으로, 신선한 공기로, 흙먼지 냄새로 여전한 기억 속에 있다. 언니도 그날을 기억하고 있을까. 어린 나이에도 흰 구름처럼 뭉글뭉글하고 푸근하기만 했던 나의 울보 언니! 짧은 단발머리에 명절빔을 차려입고, 우리 집 마루 끝에 다소곳이 앉아 있던 모습이 무척이나 사랑스럽게 떠오른다. 입꼬리를 올리며 꼬맹이 적 언니를 불러 본다.

사촌과 육촌이 한동네에 살다 보니 명절이 되면 큰댁부터 돌아가며 차례를 지냈다. 집안의 남자아이들은 오후까지 어울려 다니며 세뱃돈을 얻기도 했다. 딸들은 차례 음식을 만들고 상차림을 도와야 하는 나이가 되면서부터 일만 하는 명절을 보내게 되었다. 주부들에게는 명절이 아니라 노동절로 불리던 시대를 지나왔으니, 일하지 않고 온종일 놀아 본 일탈의 그날이 가장 명절다웠던 날로 기억에 남았다. 잃어버린 십 원의 기억까지 남긴 1971년의 추석이었다. 그날 입었던 새 옷, 추석빔은 그해 가을소풍의 기념사진 속에 남았다.

이런 인연이어서 고마워요

　　　　　모바일 청첩장의 신부가 곱디곱다. 우리 애가 누굴 닮아 이렇게 예쁘게 태어났는지 모르겠다던 신부의 어머니를 닮았다. 나로서는 본 적이 없는 신부 어머니의 이십 대 젊은 날을 보는 것 같다. 기뻐할 그녀 생각이 깊다.

　내려가면 연락드리겠다던 란이에게서는 연락이 없었다. 십 년 만에 처음 문자를 보낼 때는 그의 딸들이 느낄 부담이 염려되기도 했다. 그랬기에 오지 않는 연락에도 먼저 전화를 하지는 않았다. 밥 한 끼를 먹고 싶은 마음은 십 년 전에도 있었지만, 그때는 받아들이고 잊기 위한 시간이 더 필요했다. 평정한 마음으로 만날 수 있는 시간을 벌고 싶었다. 마트에서 또는 건널목을 건너다 그의 환영과 마주칠 때는 그가 남긴 두 딸의 안녕을 빌고는 했다.

　모든 인연이 그러하듯이 그와의 첫 만남도 뜻밖의 일이었다. 초인종 소리에 현관문을 열었을 때, 낯선 여자는 반색하며 망설임도 없이 들어가도 되냐고 물었다. 찻잔을 사이에 두고 그의 말을 듣기만 했다. 아이를 찾다가 아이의 친구네 집까지 오게 되었고, 이사를 온 지 얼마 되지 않았음에도 내가 구면이라고 했다. 한의원에서의 첫 만남에 이어 길에서 자신의 곁을 지나치는 나를 보았다고 했다. 그 두 번의 우연한 만남을 나는 기억하지 못했다. 스치고 지나간 행인에 불과했던 나를 기억해 인연으로 이끈 것은, 그가 인간관계의 덕목으로 우선시하는 첫인상론 덕이었다. 이십칠 년 전의 만남이다.

그는 친정에서 보내오는 곡물이며 심지어 재첩국을 냄비째 들고 우리 집으로 오고는 했다. 녹차며 매실을 접한 것도 그의 덕이었다. 티백으로 제조된 쌉싸래한 녹차만 알던 때라 부드럽게 입에 감기는 하동군 화개면 덕은리의 잎녹차에 매료되어 녹차를 배웠다. 매실청을 담는 방법도 그에게서 배웠다. 실한 매실을 설탕에 절인 매실청도 익히 알던 맛과 달리 새로운 맛이었다. 진하고 향기로웠다. 가을에는 생밤을, 겨울에는 말린 밤이나 콩류 등도 우리 집으로 건너와 밥을 기름지게 해 주었다. 얼굴도 모르는 그의 친정어머니가 수확한 열매로 식탁을 차리며, 나에게는 영원히 부재한 친정어머니의 정을 느끼기도 했다.

양가의 도움이라고는 요원했다. 뭐든 스스로 해야 하는 줄 알았다. 가을에 결혼해 그 겨울부터 김장을 하고 고추장을 담갔다. 신혼 집들이를 비롯해 아이들의 돌잔치도 혼자서 준비하고 치렀던 나는 친정어머니의 도움을 받는 그를 내심 부러워했던 것 같다. 그의 따뜻함은 어머니로부터 온 것이었다.

 란이네가 이웃 마을로 이사를 할 때까지만 해도 우리의 만남이 그렇게 오래 이어질 줄 몰랐었다. 집들이를 준비하던 그가 몇 가지 음식을 부탁하면서 자연스럽게 또 정을 이어 가게 되었다. 미용사 자격증을 가진 그는 이사한 뒤에도 우리 집으로 와 나와 아이들의 머리를 손질해 주기도 했다. 커트할 시기를 메모라도 했는지 때맞춰 먼저 전화를 하고 챙겼다. 나와 아이들은 스스럼없이 머리를 맡겼고 음식을 나누었다.

 그가 두 살이 많았으나 우리는 서로를 "○○ 엄마"로 불렀다. 언니 같은 동생과 동생 같은 언니로 여기며 서로 존중했다. 그렇게 친구가 되어 자치동갑처럼 어울렸다. 아이들과 함께 버스를 타고 서로의 집을 오가며 밥을 먹기도 했다. 감정 기복이 얕고 무덤덤하게 흘러가는 나의 성격과 달리 그는 항상 나보다 먼저 안부를 물어 주었다. 보고 싶었다며 불시에 찾아와 반갑게 만나기도 했다. 내가 쓴 글이 지면에 발표되었을 때도 가장 먼저 가장 많이 기뻐해 주었다. 아이의 학업을 도우느라 잠시 타지에 가 있을 때도 그곳까지 찾아온 그였다. 그 마음의 깊이를 이해한 것은 그가 세상을 떠난 뒤였다.

 인연을 이어 온 십여 년 동안 단 한 번의 서운한 감정이나 오해가 없었다. 그 어떤 말도 부담 없이 주고받았다. 맏이로서 동생들에 대한 애정이 깊고, 자신의 단점까지도 스스럼없이 말하고 고쳐 가는 진솔한 성격을 신뢰하면서 허물없는 사이가 되었다. 행동을 높여 믿음을 주었던 그런 사람이 떠난 뒤, 건널목 반대편에 서서 손을 흔드는 환영과 함께 때로는 목소리가 들리기도 했다. 생면부지로 만나 끈끈한 정을 준 사람은 그가 유일했다는 것을, 어리석게도 그가 떠난 뒤에 비로소 알았다.

마지막 통화는 오랜만의 전화였다. 몸이 좋지 않아 입원과 퇴원을 거쳐 운동에 매진하고 있다는 소식을 담담하게 들려주었다. 아이의 학업이 끝나 집으로 돌아올 준비를 하며, 내려가서 만날 것을 약속했다. 이삿짐 정리가 끝나고 차일피일하며 만남이 미루어지던 어느 날, 꿈속에서 그가 나를 기다리고 있었다. 연락해야겠다고 생각한 그날 아침에 날아온 한 통의 문자는 부고였다.

두 딸은 의연하게 조문객을 맞았다. 불치의 진단으로 활화산 같은 고통을 겪었다고 전해 들었다. 깊은 불심을 마지막까지 승화시키며 치료를 거부하고 숨을 거두는 일도 자연처럼 받아들였다고 했다. "엄마가 울지 말라고 했어요." 그래그래! 울지 말고 이 모습 잘 지키며 살자고 염원했었다.

첫 기일 즈음에 문자를 주고받은 이후 십 년이 지나자 딸들의 근황이 궁금해졌다. 나와 같은 나이에 어머니를 여읜 그의 딸들에게 마음이 쓰였지만, 바람결에라도 좋은 소식이 들려오기를 바라며 마음을 접어 두기로 했다. 그러던 어느 날, 조심스레 쓴 장문의 문자에 화답이 오면서 청첩장을 받은 것이다. 코로나 상황에다 서울에서의 결혼식은 참석이 어려웠다. 축하의 말은 문자에 담을 수밖에 없었다.

  자주 만나지 않은 엄마의 친구는 부담스럽고 어려운 대상이란 걸 안다. 젊은이들의 마음을 충분히 이해하면서도 그를 만나듯 만나고 싶었다. 그가 얼마나 좋은 사람이었는지, 내가 얼마나 고마워하는지, 생각할 때마다 등이 따뜻하고 가슴이 온화해지는 사람, 내 인생에 참으로 고마운 인연이었다고 말해 주고 싶었다. 시간이 흘러도 지워지지 않을 이름과 곳곳에 남아 있는 그의 웃음소리를 오래 기억하고 싶은 마음의 표현이기도 했다.

  결혼을 한 여자들의 세계가 온통 아기로부터 환해질 때, 어린 엄마들은 가슴 저 깊은 곳에서 스멀거리며 올라오는 뜨거운 사랑을 발견하게 된다. 아기를 품에 안고 유난히 친정 엄마가 그리운 그런 날이 올 때 "아줌마~" 하고 연락이라도 온다면 무척이나 반가울 것 같다.

  어려운 일이 있을 때마다 꿈속에 나타나 미소 짓는 그를 본다. 하늘 저 높은 곳의 수호신으로 있을 란이 엄마 김춘화 여사의 보우가 내 주위에 있음을 느낀다. 받기만 하고 미처 나누지 못한 나의 마음을 그가 헤아리고 있는 것만 같다. 환한 얼굴로 하늘을 올려다본다. 미소를 띠운다.

벽

　　　　　벽은 늘 내 앞에 있었다. 자신만을 위한 옹벽을 만들어 힘들게 했다. 그 벽 안으로 들어설 수 없어 외로웠고, 허물 수 없는 마음은 강물이 되어 흘렀다. 삶은 무수한 벽과의 전투와도 같았다. 이 벽을 벗어나면 저 벽이 또 나타나 내 곁에서 사라지지 않았다. 쫓는 자와 쫓기는 자가 끝없이 달음박질치며 벗어나려 했던 영화 속 골목처럼 영원히 벗어날 수 없는 미로와도 같았다.

　두 갈래의 길이다. 하늘로 가는 길이거나 천국으로 가는 길이다. 천국은 명이 끝나야 갈 수 있는 곳이니, 살아 있는 나는 하늘로 가는 길을 따라 감천동 고갯길을 오른다. 밤을 새우며 썼던 나의 편지도 이 길을 힘겹게 올랐으리라. 주고받았던 편지의 내용은 기억나지 않는데, 삼십여 년 동안 바래지 않은 빨간 앙골라 장갑만 선명하다.

　사람의 얼굴을 한 새가 오고 가는 사람들을 내려다본다. 날고 싶은 인간의 욕망과 사람이 되고 싶은 새의 욕망이 투영된 눈빛이다. 반인반새를 보니 훨훨 날아 보고 싶다. 하늘을 날아오르는 꿈을 자주 꾼 것은 벽을 넘어서고 싶은 욕망의 표출이었다. 그래, 하늘을 날았었지.

 옷가지들이 펄럭인다. 관광객들의 카메라 셔터 소리가 낯선 적요를 흔들 뿐 보이는 전부가 벽이다. 키 낮은 문들이 낡은 벽에 매달려 위태위태하다. 저 작은 문을 통과했을 존재들은 고도에 닿았을까. 벽 앞에서의 좌절과 이루지 못한 꿈들은 좁은 골목의 화석이라도 되었는지, 골목의 무늬가 알록달록하다. 하늘이 가까운 땅에 뿌리를 내리고 살아가는 사람들이 여기에 있다.

 짝이었던 친구가 고등학교 진학을 포기하고 부산으로 가서 짐을 내린 곳이다. 중학교 3학년의 어린 둘이는 속이 깊고 마음이 넉넉했다. 자신의 장래보다 가정 형편을 먼저 생각했다. 진학에 대해 나름의 고민을 나누었던 우리는 졸업 후 편지를 주고받으며 우정을 이었다. 감천동 소인이 찍힌 편지는 도회의 냄새를 싣고 와 도시로의 갈망을 부채질했다.

 골목이 깊어진다. 노동으로 단련된 근육질 남정네들의 권태가 골목으로 나와 어슬렁거린다. 벽을 뛰어넘고자 꿈을 키우는 아이와 벽을 넘지 못한 채 갈무리를 해야 하는 어르신들이 마주 앉아 두런두런 정답다. 테가 부서지고 색이 바랜 플라스틱 소쿠리 안으로 씨알 좋은 알마늘이 더딘 걸음으로 쌓인다. 개는 짖지도 않고 고양이는 하품으로 잠을 몰아내며 앉았다. 울타리 없이 벽으로만 연결된 마을은 한 채만 들어 올려도 온 동네가 장난감 블록처럼 들려질 것 같다. 나른하고 낯선 풍경과의 대면이 먹먹하다.

좁고 비탈진 골목길을 무채색의 친구와 함께 걷는다. 친구가 보내온 편지에는 지폐 삼천 원이 들어 있었다. 날씨가 추우니 마음에 드는 장갑을 사서 끼고 다니라는 목소리도 함께 왔다. 부모님의 용돈쯤으로 생각했을까. 그 돈으로 장갑을 샀고 친절하게 또 그 소식을 전했다.

생의 벽들은 소리도 없이 나를 따라다녔다. 결혼 생활도 벽과의 전쟁이었다. 내 앞을 가로막고 서 있는 벽을 무너뜨리면 두 다리를 펼 수 있을 것 같았다. 그러나 벽이 사라진 뒤의 불편을 감당할 능력이 내게는 없었다. 나를 가로막고 있던 벽은 필요악처럼 끈질기고 굳건했다. 스스로 하늘이요 우주의 중심이고자 했다. 나아가려는 발목을 붙잡아 무릎을 꿇렸다. 허물고자 했으나 허물 수 없는 벽이었다. 너의 든든한 울타리가 되겠노라며 두께를 더해 갔다. 그렇게 평온을 가장한 세계에 지배당하며 허울 좋고 그럴듯한 삶을 살았다. 견고한 벽이기보다 낮으면서도 부드러운 언덕이 돼 주기를 염원하며 영원한 안락을 꿈꾸었다.

벽과 벽 사이에 쪼그리고 앉아 본다. 허세의 나는 번듯한 집과 먹고살 만큼의 경제력과 가족이 있지만, 진짜의 나는 이 골목에 쪼그리고 앉은 초라한 아낙일 뿐이다. 벽을 부수기는커녕 회색의 경계에 서서 꼼짝을 못하고 있다. '둘이는 잘살고 있을까!' 일과에 지친 고단한 몸으로 언덕을 올랐을 어린 친구가 명치 위로 올라앉는다.

 천천히 미로를 걷는다. 마을의 속살이 민망하고 안쓰럽다. 산비탈의 벽과 벽 사이 작은 방에서 친구는 어떤 꿈을 꾸었을까. 이 미로를 벗어나기 위해 이른 결혼을 한 것인지도 모르겠다. 스물세 살의 친구는 벽을 넘고 돌아와 고향에 뿌리를 내렸다. 겹겹이 둘러 있는 벽을 뚫고 나와, 자신을 감싸 줄 오직 하나의 벽을 찾은 것이다. 야트막했으나 따스한 울타리 안의 나는 어리석음에서 벗어나지 못했을 때였다. 결혼한 뒤에도 나를 대하는 친구는 늘 친절했다. 항상 먼저 손을 내밀었고 살가웠다. 마지막 학창 시절을 함께한 친구들이 보고 싶고, 십여 리가 넘는 길을 걸어 다녔던 중학 시절이 그립다고도 했다.

 검정 장화를 신고 머릿수건을 쓴 친구를 본 적이 있다. 호박을 머리에 이고는 시댁 동네의 가을 풍경이 되어 걷고 있었다. 남편의 직장 가까운 소도시에 살면서 시댁의 농사일을 거들고 타고난 품성대로 며느리의 소임을 다하며 살아가고 있다. 경계를 넘나드는 삶을 채워 가는 친구다.

미로를 빠져나와 하늘 마루에 오른다. 발아래로 도시의 번영이 펼쳐져 있다. 이곳 사람들에게 저 도시는 무슨 의미일까. 도시를 딛고 서서 하늘을 향해 비상을 꿈꾸는 사람들, 새가 되어 날고 싶은 사람들의 마을 위로 하늘이 푸르다. 가깝고도 넓은 이 동네의 하늘이 그들의 손을 잡아 주기 위해 점점 더 가까워진다.
　벽을 넘어서려 버둥거리다 안주해 버린 나, 시간이 멈춰 버린 이곳에서 경계에 머물 수밖에 없는 자신을 들여다본다. 앞이 보이지 않는 불투명한 미로에서 헤매던 날들이 얼마였던가. 허물고자 했던 것의 정체는 무엇이었나.
　누구에게든 어디에서든 존재를 확인하거나 마음의 지표이거나, 넘어야 할 그 무엇으로 존재할 수밖에 없는 벽이 있다. 그것은 허물어야 할 대상이 아니라 넘어서 나아가야 할 대상이다. 넘고 또 넘어서는 성취감을 일찍 알지 못했다. 벽이라는 장벽을 포용하고 받아들이기보다 피하고 저항하려고만 했다. 언제쯤이면 인생의 미로에서 벗어나 진정한 나의 길을 만들 수 있을까. 오늘 새로운 벽 하나를 넘는다.
　골목을 벗어나 다시 반인반새 앞에 섰다. 날고 싶은 인간의 마음을 본다. 꿈이라는 것은 그 꿈을 꾸고 있을 때가 가장 행복하다는 평범한 진리를 새의 눈동자로 본다. 그 욕망의 눈동자로. 애초에 벽이란 없었다. 내 안에만 있었다.

3

여름 숲에서
나무의 노래를 듣다

매기의 추억

노다지

소풍

따분의 맛

여름 숲에서 나무의

노래를 듣다

보쌈담

작은아버지를 그리다

하자보수

권태가 지나간 자리

침묵

매기의 추억

합창단원으로 활동할 기회가 주어졌다. 학창 시절 이후 무척이나 오랜만의 일이었다. 우연한 권유였으나 내심 반가웠고 올여름의 특별했던 기억으로 남았다. 〈매기의 추억〉을 합창곡으로 만났을 때 아버지가 보고 싶어졌다. 홀로 계신 요즘도 이 노래를 부르는지 여쭙고 싶었지만 자신이 없었다. 오래전에 세상을 떠난 매기를 향한 애정의 깊이를 가늠할 수 없었고, 깊은 회한이 아버지의 가슴을 시리게 하리라 미루어 짐작했다.

아버지의 노래를 듣는 일은 극히 드물었다. 음정과 박자는 안정적이었지만 음성이 가늘면서 낮았다. 그걸 잘 아는 아버지는 노래를 즐기지 않으셨고, 어머니가 구성진 가락으로 노래를 부를 때에도 묵묵히 듣고만 계셨다. 이러한 아버지께도 노래가 필요한 날이면 부르는 노래가 있었으니, 〈매기의 추억〉은 아버지의 유일한 애창곡이었다.

그날은 아버지의 숙직이 있는 날이었다. 어머니는 함지박에 아버지의 저녁밥을 담아 언니와 나에게 심부름을 시켰다. 언니는 함지박을 머리에 이고, 손전등을 든 나는 언니를 따르며 길을 비추었다. 평소 아버지는 숙직이 있는 날이면 집에서 저녁을 드시고 다시 숙직실로 가셨다. 그런데 그날은 무슨 일이라도 있었는지 저녁밥을 가져오라고 하신 것이었다. 자갈이 깔린 신작로를 아버지의 밥과 함께 걸었다.

숙직실에 들어서자 아버지는 해당사그리한 모습이었다. 저녁을 먹는 내내 기분이 좋아 싱글벙글하시더니 수저를 놓자마자 집으로 전화를 거셨다. 전화기로 들려온 어머니의 맑은 웃음소리와 아버지의 표정에서 어렴풋하게 부부애를 느낄 수 있었다. 실없이 웃으시던 아버지는 수화기에 대고 노래를 부르셨다.

옛날에 금잔디 동산에 매기 같이 앉아서 놀던 곳
물레방아 소리 들린다

감미롭고 서정적인 아버지의 노래는 감성적인 가사와 선율로 일렁였다. 우리는 수화기를 돌려 가며 노래를 불렀다. 나의 노래는 아버지가 펼쳐 놓은 금잔디 동산 위를 훨훨 날아오르는 나비였다. 학교에서 막 배운 노래였다. 30촉 전구의 어두침침한 불빛과 어수선했던 숙직실은 우리들의 닭살 돋는 쇼로 금세 환해졌다.

때맞춰 찾아온 사환 아저씨와 함께 아버지를 따라간 곳은 가설극장이었다. 냇가 자갈밭에 누런 천막이 쳐지고 확성기로 관객을 유도하던 그곳이었다. 말로만 듣던 영화를 처음 보는 순간, 현기증과 함께 휘청거리는 세상을 경험해야 했다. 집으로 돌아오는 길 내내 정신을 차릴 수가 없었다. 신작로에서 바라본 마을은 하늘의 별이 다 내려앉은 듯했다.

야행은 알을 깨어 세계로 나오는 계기가 되었다. 영화라는 그 신세계는 붕붕거리며 따라다녔다. 밥을 먹을 때에도, 공부하거나 잠을 잘 때에도 무시로 나타나 정신을 흐려 놓았다. 도무지 이해할 수 없는 광경이었다. 하얀 천 조각에 나타난 사람들은 서로 싸우고 눈물지으며 때로는 나를 빤히 쳐다보기도 했다. 사람들의 눈물샘을 자극하는 이야기가 천막 속 스크린에서 윙윙거렸다. 머리 위에 떠 있는 거인들을 만난 경험은 영웅담이 되어 친구들에게 전해졌다.

아버지가 불렀던 노래가 마치 영화의 주제곡인 듯 영화와 노래는 늘 짝이 되어 떠올랐다. 친구들이 미처 배우지 못한 노래를 하면서 우쭐거리기도 한 것 같다. 고학년이 되어 음악 교과서에서 만났을 때의 반가움도 잠시, 수없이 흥얼거렸던 노래의 노랫말이 어쩐지 서글프게 느껴졌다. 인생의 끝에서 사랑하는 사람을 그리워하는 연민의 노래였다. 어린 나이에 어울리지 않는 노래라는 것을 안 뒤로는 점점 부르는 횟수가 줄어들었다. 이후 어쩌다 이 노래를 듣게 될 때면 깊은 향수와 함께 아버지를 생각하고는 했다. 아버지의 노래는 이렇게 서서히 내게로 와 뿌리를 내렸다.

그때의 아버지는 직장인이셨다. 머리에 반짝이는 포마드를 바르고 양화점에서 맞춘 구두를 신고 출근을 하셨다. 깔끔하게 잘생긴 아버지를 따라 걸으며 학교로 가는 마음에는 늘 자부심이 있었다. 가정조사서를 작성해 주는 직장인의 노련한 필체마저도 자랑스러웠다. 출장이라도 다녀오시는 날이면 어머니의 선물도 빠뜨리지 않으셨다. 시골 면 단위의 직장인이었지만 멋과 낭만의 여유를 지닌 분이었다.

아버지가 직장을 그만두게 되면서 두 분 사이의 애정 전선에도 금이 가기 시작했던 것 같다. 아버지의 어깨는 힘없이 내려앉았고, 어머니는 당신의 빈 주머니 사정을 두고 자식들에게 면목 없어 하셨다. 어머니는 점점 억척스럽게 변해 갔다. 빈틈없이 가꾼 농작물은 돈이 되어 자식들을 키웠으나, 오 남매의 성장 속도는 부모님의 노동력이 따라갈 수 없을 만큼 빨랐다. 부모님은 버거운 숨을 쉬셔야 했다. 그때쯤 아버지는 직장 생활을 할 때의 낭만을 그리워했는지도 모르겠다. 아주 가끔 혼자서 옛날의 금잔디를 그리워하는 노래를 부르고는 하셨.

"엄마! 아버지가 노래를 불러 줄 때 마음이 어떻터노?"

그날 밤, 어머니는 말없이 수줍은 미소를 지어 보이셨다. 어머니의 그런 모습을 보기 위해 얼굴을 들이대며 "옛날에 금잔디~"를 연발하고는 했다. 요즘 아이들처럼 영악하지도 않고 사랑이 뭔지도 몰랐으면서, 그렇게 어머니를 놀려 대며 부모님의 사랑을 엿보기도 했다. 그것이 붙잡아 두고 싶은 유일한 기억이라 할지라도 부모님의 사랑을 엿본 유년의 기억은 지친 날의 비타민이요, 두 다리를 꼿꼿하게 세우고 주어진 길을 묵묵히 걸어가는 힘이 되기도 한다.

조심스레 밥을 들고 돌아본 마을에는 어둠이 내려앉아 있었지만, 집으로 돌아오면서 본 마을은 이미 딴 세상이었다. 어둠 속에서도 마을이 빛났던 그 순간, 예술의 세계에 눈을 떴던 것 같다. 그 밤의 풍경은, 건드리면 별이 쏟아져 내리는 나의 스노우볼이 되어 가끔 혼자 그 동산을 노닌다.

노래를 부른다. 가늘고 여린 나의 노래는 울림이라고는 없이 금방 흩어진다. 즐겨 노래를 하면서도 남 앞에서는 선뜻 노래를 부르지 못하는 이유다. 짧았던 합창의 기억은 나를 드러내지 않으면서도 노래하고 싶은 욕망을 해소해 주었고, 저 가슴 깊은 곳의 향수를 끌어 올려 주었다.

꿈처럼 지나간 추억의 노래를 부르며 밥상을 차린다. 내가 놀고 있는 이 금잔디 동산도 훗날 내 아이들이 추억할 스노우볼 속의 풍경이 되겠다.

노다지

"땅 파 봐. 십 원짜리 동전 하나 나오는가."

어렵던 시절에 자식을 키워야 했던 부모님은 이런 우회적인 말로써 근검절약을 강조하셨다. 흔히들 하는 말을 내 아이들에게도 여러 번 한 것 같다. 하나 마나 한 말이면서도 이만큼 설득력 있는 말이 없을 것 같아 맘 놓고 큰소리를 친 것이다.

부모님은 일평생 땅을 일구며 살아오셨지만, 밭에서 십 원짜리 동전 한 개도 거둔 적이 없으셨다. 열심히 일한 대가로 거둬들인 농작물이 소득이 되어 돌아오는 평범하고도 작은 진리를 몸소 깨우치며 사셨다. 콩 심은 데 콩 나듯 씨를 뿌린 곳에서는 열매가 열리는 것이 마땅하니, 땅속에서 돈이라는 현물 재화가 나올 리 만무하지 않은가. 그런데 앞으로는 이 말도 먹히지 않을 사건이 생겼다. 파면 팔수록 돈이 나오는 이상한 마늘밭이 연일 뉴스 선상에 올랐기 때문이다. 마늘밭에서 나온 돈은 그야말로 황금색 노다지다. 팔수록 나온다니 화수분이라고 해야 하나. 오만 원권 누런 지폐가 밭을 덮고 있는 사진이 신문 지상에 펼쳐졌다. 흙 속에 묻힌 신사임당의 미소가 의미심장하다.

노다지를 꿈꿨던 적이 있다. 서울에서 전학을 온 친구는 면내 유일한 광산 사업자의 딸이었다. 친구의 아버지는 광산업을 하기 위해 서울에서 시골로 솔거하여 오신 것이었다. 광산이 있다는 소문은 익히 들어 알고 있었지만, 친구네가 광산의 주인이라는 말은 호기심을 자극하기에 충분했다. 산뜻한 서울 말씨에 도시락도 남다르게 싸 오던 제이와 친하게 지냈던 기억이 있다.

오븐에 구워서 윤기가 나던 갈색 빵의 향기며, 서울에서 공수해 오는 신문물들을 신기한 듯 바라보았다. 막걸리로 반죽한 술빵이나 기름에 튀긴 도나쓰 정도에 익숙했던 우리는 잘 구워진 단팥빵이 제이 어머니의 솜씨라는 것이 놀랍기만 했다. 뜨개질한 분홍색 손지갑을 내 손에 전해 주던 제이의 해맑은 얼굴은 친구들 속에서 단연 빛이 났다. 한창 책 읽기에 재미를 느끼고 상상력이 최고치였을 때였으니, 광산이라는 신비한 세계에 있는 그 친구가 마치 다른 세상의 사람 같았다. 친구의 모든 것은 금빛이었다.

그곳으로 소풍을 간 적이 있었다. 광산은 마을의 본 동네를 지나 가장 외지고 깊은 곳에 있었다. 제이의 집은 외딴집이었다. 광산은 모래가 파헤쳐진 입구에서부터 포물선을 따라 점점 어두워져 검고 커다란 점으로 있었다. 동굴 깊은 곳을 바라보는 내 마음은 마치 탐험가가 된 것처럼 숨이 달아올랐다. 채취한 금강석은 정련 과정을 거쳤을 때 아주 조금의 금을 얻을 수 있다. 이런 과정을 몰랐기에, 금은보화가 쏟아진 흥부네처럼 친구네 광산에서도 금덩어리가 쏟아져 나오기를 기대했다. 그렇게 노다지를 꿈꿨다.

제이의 가족이 도시로 떠났다는 소식이 들려왔다. 어린 날, 광산에서 금이 나오길 상상하며 동화를 쓰고 지운 사람으로서 실망이 컸다. 광물을 채취했다는 말은 들은 적이 없고, 사업이 잘 안 되어 떠났다는 소문과 그것이 무모한 사업이었다는 뒷말만 무성했었다. 남의 일이지만 뭔지 모를 허망한 여운이 오래도록 있었다. 친구네의 광산개발사업이 땀 흘린 만큼의 소득이 있었는지는 모르지만, 광산개발사업이란 누군가가 꼭 해야 할 국가적인 사업이라는 당위성이 있었다. 이런 사업이 잘되어 노다지가 쏟아졌다면 얼마나 좋았을까. 마늘밭 노다지 뉴스를 접하며 친구네 광산을 떠올린 것은, 노다지가 쏟아지기를 바라며 쓰고 지웠던 미완성의 동화 때문인지도 모르겠다.

시대에 따라 재산 증식의 유형도 변화하고 있다. 부동산이나 주식에 이어 요즘은 인터넷 도박이라는 새로운 유형이 생겨났단다. 그것이 생활고 때문인지 사업의 수단인지, 투기의 목적이 있는지 잘 모르겠지만 참 희한한 일이다. 다양한 직종과 직업이 있는데 투자라는 자본도 없이 돈을 벌 수 있는 시스템이라니, 나로서는 이해하기가 힘들다.

　형제는 인터넷 도박 사이트를 만들어 돈을 벌었단다. 이런 사이트를 어떻게 만들어 운영하는지 알 수 없기에 그들의 기발한 아이디어에 어안이 벙벙할 뿐이다. 철저한 사업계획에 운이라도 따랐는지 수입은 날로 늘어났고, 불법이었기에 은행에 맡길 수 없었던 돈은 누나 부부에게 주어졌단다. 돈은 침대 밑으로 들어가고도 넘쳐서 베란다까지 침범했고, 승용차 안까지 잠식당하자 결국 마늘밭으로 가게 된 것이다. 형제는 그렇게 행불행의 씨앗을 심었다.

　돈을 보관하기 위해 사들인 밭에서 누나 부부는 새벽부터 밤늦도록 쉬지 않고 일을 했다. 일을 한 것이 아니라 돈을 심고 지키느라 온종일 밭에 있어야 했다. 이웃의 눈에 비친 그들은 열심히 일하며 선하게 사는 사람들이었다. 돈을 지키기 위해 동기간의 우애가 발휘되었다. 돈 앞에서는 부모도 형제도 없다는 세간의 인정머리를 비아냥거릴 만큼 돈독한 형제애였다. 묻혀 있던 돈이 각자의 몫으로 나누어지는 날까지 그 형제애는 유지될 뻔했다. 어느 날, 마늘밭 공사를 하러 온 인부에 의해 노다지는 지상으로 모습을 드러냈다. 뉴스 매체를 뜨겁게 달구었던 노다지의 전모다.

저 돈이 들키지 않았다면 어떻게 써졌을까 생각해 본다. 시작은 돈을 벌어 보자는 단순한 생각이었을 것이다. 쌓이는 돈을 보며 용처에 대한 고민도 많았겠다. 돈의 포만으로 둔감해진 그들은 '개같이 벌어서 정승같이 쓴다'는 속담을 실천해 보자며 귀하게 쓸 생각도 해 보지 않았을까. 애써 긍정적인 생각을 해 본다. 어불성설이지만 이렇게 모인 돈이 가야 할 길이 있지 않은가.

전통적인 마늘 보관법은 잘 엮어 바람이 잘 통하는 그늘에 걸어 두는 것이다. 다음 수확기까지 양념으로 쓰이다가 봄이 가까워질수록 마늘은 서서히 말라 간다. 겉으로는 멀쩡한 마늘을 까 보면 속이 빈 경우가 많았다. 이때 어머니는 마늘이 날아갔다고 하셨다. 사라질 돈을 날아가 버릴 마늘밭에 심은 것은, 쉽게 얻어진 그 돈이 가야 할 귀결이었을까. 아니라면 스스로 사라져 주기를 바랐던 것은 아닐까. 기막힌 우연이자 운명적 서사 같기도 하다.

도박이라는 한탕주의를 즐기는 사람들을 정신 차리게 한 사건이었다. 난생처음이요 앞으로도 다시 못 볼 해프닝이었다. 압수한 노다지가 노다지라는 본래의 어원답게 사회의 어둠을 밝히는 곳에서 귀하게 써졌으면 좋겠다. 신사임당의 미소, 그 의미를 이제야 알겠다. 노다지란 허망한 것이거늘.

소풍

　　　　　소리도 없이 흐르는 물가에 자리를 펴고 앉았다. 징검다리가 놓였던 자리는 시멘트로 포장되어 물을 가르며 놓였다. 이 길에 앉으니 물 위에 자리를 잡고 앉은 셈이다. 화려한 돗자리가 안성맞춤이다. 위에서 내려오는 물은 포장된 길 밑의 아치형 터널을 지나 아래로 흘러간다. 오감을 채워 주는 식탁이 차려지고 들풀이 식탁을 빛낸다. 청둥오리가 물살을 가르고 자갈 톱의 하얀 왜가리는 경관의 백미로 섰다. 노랑어리연이 꽃을 피워 수면 위를 노랗게 채웠다. 수채화 같은 가을날의 한가운데서 이 가을이 깊어질까 조바심이 난다. 참 맑은 가을이다.

　자갈이 훤하게 들여다보이는 얕은 물빛도 이 가을을 그대로 담았다. 발아래로 붕어 떼가 오가고 인기척에 놀란 오리 떼는 자맥질을 하다가 푸드덕 날아오른다. 왜가리는 소리도 없이 날개를 펄럭이며 들로 향한다. 개발의 영향으로 옛것들이 사라졌다고는 하지만 70년대에도 보지 못한 풍경이다. 수생식물이 천의 반 이상을 차지하고 꽃을 피운 지금의 경관이 훨씬 더 원시적이다. 방천의 원형은 그대로지만 물장구치던 아이들이 사라지면서 놀이터의 기능을 잃어버린 데에 원인이 있는 것 같다. 농번기 때는 잠시 쉼터가 되기도 하고, 부모를 따라 들로 나온 아이들의 놀이터가 되기도 했던 곳이다.

여름날, 동네 조무래기들은 붕어 한 마리를 얻기 위해 낚싯대와 주전자를 들고 방천으로 향하고는 했다. 대나무에 낚싯줄을 매어 던지면 새끼손가락만 한 물고기가 팔랑거리며 몸부림을 쳤다. 방천으로의 외출이 허용되면 여자아이들은 바구니를 들고 봄맞이를 했다. 가뭄이 들어 동네에 있는 우물이 식수로만 허용될 때는 빨랫감을 머리에 이고 들을 건너기도 했다. 방천의 배수지에서 흘러내리는 물은 유속이 좋아 빨래를 하기에 좋았다. 물먹은 옷을 다시 머리에 이고 들길을 걸어 집으로 오고는 했다. 집안일을 하면서도 방천 나들이는 놀이처럼 즐거운 일이었다.

지금 그 빨래터는 오리와 왜가리들의 보금자리가 되었다. 노랑어리연이 군락을 이룬 평화로운 풍경으로 청정한 하천의 생태를 이어 가고 있다. 강태공이 낚싯대를 드리우고 세월을 낚는지 붕어를 낚는지 미동도 없다.

유년의 기억이 생생한 이곳을 오랜 지인들과 함께했다. 지음의 의미를 되새겨 보게 하는 벗들에게 황금빛 들을 보여 주고 싶었다. 조심스러운 제안으로 이루어진 들놀이다. 여행을 권하는 사회, 해외여행이 삶의 목적이 되어 버린 사회에서 시골 들판으로의 초대는 시대를 역행하는 처사일지도 모른다. 사람들은 이렇게 원시적이며 자연 친화적인 곳에는 관심이 적다. 의도와 목적에 따라 설계된 공원이나 소셜미디어 네트워크 서비스에 올라온 여행지를 선호한다. 차를 마실 수 있는 찻집이라도 있어야 먼 길을 마다하지 않고 찾게 된다. 감정이 앞서 저질러 버린 무례한 초대에도 불구하고 원형질의 초원과 물길을 보며 웃어 주는 벗들이 고맙다.

  우리는 천과 들 사이에 우뚝 솟은 방천을 걷는다. 장소가 장소니만큼 말이 많아진다. 어려운 시대를 함께 하며 울고 웃었던 내 이웃들의 이야기가 많다. 전해 들은 이야기, 보고 느낀 이야기, 전부였던 이야기를 주절이며 혼자 즐거운 바보가 되었다. 느리게 시작된 말에 속도가 붙더니 어느새 지는 해가 얼굴 위로 반사된다. 지극히 사적이고 원초적인 장소에 동참해 준 지인들의 맑은 웃음에 더해 한층 더 맑은 가을이다.

  모임이 있기 전에 혼자서 방천을 걸었던 적이 있다. 계절마다 색을 달리하고 해가 넓게 비치던 들의 한가운데도 서 보았다. 틀박이로 살면서도 사십여 년 만이었다. 생태환경은 변했지만 가시적인 경관은 그대로여서 반겨 주는 이 없어도 귀향의 감정을 느낄 수 있었다. 넓은 들을 감싸고 있는 산과, 들판 가에 자리한 친정 마을을 보며 어린 시절의 나와 마주했다. 들의 품에서 아이가 되었다. 어린 내 눈앞에서 펼쳐졌던 누군가의 삶과 친구와 쑥을 캐던 추억이 현재와 만난 나들이였다.

어린 내가 꿈속에서 하늘을 날 때, 팔다리를 움직여 기껏 날아올라 내려다본 곳은 이 들판이었다. 들을 둥글게 감싸고 앉은 뒷산 꼭대기에서 날아올라 앞산 꼭대기로 날아갈 때도, 세계는 들을 감싼 산과 마을이 전부였다. 책 읽기에 몰두해 서양 사회에 눈을 뜨고 관심을 가졌지만, 세계를 모르는 상태에서의 욕망은 겨우 이 동네에 머물러 있었다. 동네를 벗어나 보지 못해서였다. 욕구는 컸으나 시야가 좁았기에 날아 보았자 동네의 하늘이요 들이었다. 이 이야기는 전설로도 남기지 못하고 잊힐 것이지만 오늘 이렇게 한가로운 풍경의 한가운데 있다.

꿈의 성취는커녕 소박하게만 살아왔다. 세상의 진리가 넘친다는 저잣거리로 나설 줄도 몰랐고, 지식을 쌓느라 고군분투한 적도 없었다. 순간순간 해야 할 일에만 집중하며 안락한 생활만 추구했다. 생계를 걱정하지도 않고 안주했으니 '고작 그런 것에 만족했냐'고 묻는다면 나는 민망하다. 큰 그림으로 들여다본 나의 반생은 늘 오늘 같은 날이었음을 인정해야겠다. 지나 버리면 기억도 나지 않을 만큼, 가벼운 오늘만큼, 살아온 날들이 꼭 이곳의 이 가을날 같다.

들을 중심으로 네 개의 마을이 같은 지명으로 불렸다. 동네 사람 중에는 도시로 나가 자신의 이상을 실현한 사람도 있지만, 고향을 지키며 자기 앞에 주어진 소명을 다하고 사는 사람들이 대부분이었다. 그들은 부족한 것을 채우려 노력하되 남을 딛고 일어서려 하지는 않았다. 세상의 중심이 되려 하지도 않았다. 전통을 지키고 체면을 아는 정직하고 선량한 사람들이었다. 소리도 없이 흘러가는 물처럼, 소리도 없이 들을 가로지르는 바람처럼 진실하게 살았다. 소리 낮은 사람들이 서로 단합하여 문화를 만들고 삶을 영위한 작은 집단, 여기가 나의 모태다.

새로운 것을 추구하기보다 현재를 지키고 싶은 마음이 더 컸다. 미약한 본성과 무기력은 질서에 순응하고 현실에 충실하게 했다. 이것이 한계일지라도, 소박하고 겸손한 사람이 사회를 지키는 보루가 된다는 말에 위안을 받는다. 삶에 자부심이 있어서가 아니다. 방천의 흐르는 물처럼 이완된 감정이 가져다준 평화의 결과다. 편안한 이 가을의 방천에서 어둠을 맞이하고 하늘의 별도 세어보고 싶지만, 오늘은 여기까지다. 생의 한 페이지에 이 맑은 가을을 그려 담는다. 오래 기억될 소풍이다. 방천의 끝자리에 남아 있는 순희네 옛 집터에 코스모스가 하늘하다.

따분의 맛

텔레비전을 켜지 않은 지 오래다. 시끄러운 정보를 차단하니 마음이 편하다. 정보가 넘쳐 홍수가 나고 모두가 떠들어서 시끄러운, 바야흐로 소리의 세상이지 않은가. 암울한 정치·경제 뉴스와 각종 정보 또한 새로운 것보다 되풀이되는 것이 대부분이라 식상하기까지 했다. 오래 살아서 가슴과 머리에 쌓인 것이 많으니 앞으로는 쓰잘머리 없는 정보의 무게를 늘리지 말자는 각오이기도 했다.

외부 정보를 차단하고 현실적인 감각이 무디어져 갈 때 주위의 사람들은 모두 전문가가 되고 있었다. 여염의 아주머니도, 정자에 나와 앉은 할머니들도 시사평론가 수준의 논평을 읊었다. 어디서 공부를 했기에 모두 식자가 되었을까. 정보의 제공지는 '유튜브'였다. 거기 뭐가 있나! 호기심에 클릭한 유튜브 속 세상은 요지경이었다. 이제 유튜브 시청은 취미 생활로 격상되어 독서는 취미 축에 끼지도 못한다.

정보의 바다라는 말이 맞았다. 온갖 정보의 창고인 이곳은 진위를 떠나 대화의 주제로 삼을 만한 정보를 대량 생산해 내고 있었다. 소통이 아닌 방출의 장이었다. 왕이었던 소비자는 상품이 되었고, 가짜 뉴스를 진짜로 아는 사람들의 목소리가 더 높아졌다. 익명의 권위는 대단했으며 그 뒤에 숨어 있는 배짱이 무서울 때도 있었다. 잘못된 신념으로 위험해질까 염려되기도 했다.

유튜브 영상은 확증된 증거가 없었음에도 주장을 진짜로 믿게 하는 힘이 있었다. 편향된 이념의 정치 시사 채널은 극단을 오가고, 자극적인 제목은 클릭을 유도했다. 정치인은 정치에 관심을 가지는 국민이 되라면서도 국민의 권익을 위한 내용보다는 특정 정치인을 옹호 또는 비난하는 것으로 선택을 강요했다. 관심도 없고 원하지도 않는데, 국민 여러분의 알 권리 차원에서 준비했다는 영상은 특정인을 향한 인격 모독의 장이기도 했다. 알고 싶지 않은 것을 알라며 권리를 침해하니 폭력과도 같았다. 따라온 알고리즘은 늪이었다. 제공자만 다를 뿐이었다. 저녁이면 의무처럼 봐 왔던 9시 뉴스의 공정성마저도 의심하게 되었다. 진짜는 어디에 있나.

스마트폰은 말 그대로 손안의 똑똑한 지식 창고다. 많이 배운 사람과 배우지 못한 사람의 차이도 없이 균등하게 매일 똑같은 양의 정보를 공급해 준다. 책으로 공부하는 사람만이 알던 지식과 상식이 손안에 있으니, 이미 존재했던 정보도 새로운 차원으로 읽힌다. 그것이 참이든 거짓이든 상관없이 부담

없는 디지털 세계를 스크롤한다. 그 결과로 더 많이, 더 잘 아는 박학다식한 사람들이 넘쳐 나고 있다. 하나씩 알아 가는 재미에 빠진 아이처럼 자부심이 고양되는 듯 보인다. 앎이 무엇인지. 차라리 아무것도 모르는 사람으로 살고 싶다.

진정한 친구는 필요하지 않고, 그저 내가 알고 있는 정보를 잘 들어주는 사람만 필요한 것 같아 쓸쓸할 때도 있다. 사람의 세상도 영상 속 세상을 닮아서 일방적인 출구만 있으니 내 눈과 귀는 점점 피곤하고 따분했다.

코로나 팬데믹이 이어질 때 다양한 텔레비전 프로그램들이 편성됐다. 외출을 삼가고 거리두기를 해야 하는 국민들과 자가격리자들의 우울감 해소를 위한 오락프로그램들이 늘어났다. 소위 '먹방'은 맛있게 먹는 모습을 보이느라 클로즈업된 입가의 수염까지 확대하고, 어제의 그 노래가 오늘의 채널 곳곳에서 다시 들렸다. 웃음을 유발하기 위해 안면을 몰수하는 일, 개인의 약점을 드러내야 하는 프로그램들이 생산되었다. 누군가는 타인의 불행을 통해 희망을 얻기도 하고 즐거움을 찾겠지만, 비슷한 포맷의 프로그램들 또한 따분하기는 마찬가지였다. 채널을 돌리거나 매체를 바꾸어도 나오는 재탕 삼탕의 이야기는 맛도 없고 맹숭했다. 다양한 채널 선택권을 가지고도 배부른 자의 불평 같은 불만이 생기기도 했다. 이럴 때는 텔레비전 외의 영상물들도 차단하는 것이 정서적 안정에 좋을 것 같았다.

철학자 버트런드 러셀의 문장을 보자. "대체로 즐거움을 추구하는 사람은 멍청하고, 쓸데없이 진지한 사람은 우울을 앓다가 떠난다." 이 글을 통문장으로 외우는 것은 인간의 보이지 않는 이면을 해학적이면서도 명철하게 분석했다는 나름의 논지가 있기 때문이다. 살아가는 일은 대게가 일차원적인 것들이 주를 이룬다. 심오하거나 깊은 철학을 요구하는 일은 거의 없고 눈에 잘 보이지 않거나 측정이 불가한 경우가 더 많다. 잘하는 것과 못하는 것, 옳은 것과 옳지 않은 것들을 정의하기도 쉽지 않다. 어떤 행위의 잘못도 동기를 알고 나면 인지상정의 마음이 생기니 옳고 그름의 잣대를 어디에 두어야 할지 판단조차 어려울 때가 있다. 시끌벅적한 영상물을 따분하다는 이유로 꺼 버린 것은 판단력을 잃은 나의 단순한 감정이었을까.

우리 가족은 휴일의 대부분을 집 안에서 텔레비전을 보면서 지냈다. 일주일 내내 육아와 살림에 갇혀 있던 나는 밖으로 나가고 싶어 했으나, 가장은 가족이 북적거리며 티격태격하는 것에도 굴하지 않고 눕기를 즐겼다. 귀는 막아 버리고 입도 닫아 버린 채 일어나지를 않았다. 눕는 것조차 무료해지면 밤이 이슥하도록 〈네오스톤〉 기원에서 집중력을 발휘하며 놀았다. 빈둥거리는 휴식과 두뇌 회전이 필요한 뒹굴러*를 내 뜻대로 움직이게 하고 싶지 않았다. 그냥 뒹굴뒹굴 쉬는 것이 최고의 휴식이라는 생각이 들기도 했다. 이렇게 힘을 모아 새로운 일주일을 맞이하고는 했다. 이해의 폭이 넓고 깊었는지, 휴일은 집에서 쉬어야 한다는 가장의 지론은 지금도 변함이 없다.

'열심히 일한 당신 쉬어라.'라는 측은한 마음도 있었다. 이러한 이유로 아까운 시간을 집 안에서 보냈다. 텔레비전을 시청하면서 가끔은 배달 음식을 맛보기도 했다. 그래도 즐거운 휴일이었다. 텔레비전이 전해 주는 따뜻한 이야기에 감동했고 슬픔에는 눈물을, 불의에는 분노하기도 했다. 그렇게 삶을 배웠다. 텔레비전이 주는 아낌없는 사랑을 듬뿍 받은 날들이었다.

텔레비전을 즐긴 시간이 족히 삼십 년이다. 방송에 나온 전문가들의 말을 대단한 진리라도 되는 양 생활에 접목했다. 쇼 닥터들의 건강 정보를 내 것으로 만드는 즐거움도 있었다. 이렇게 즐겼던 텔레비전이 따분하기 짝이 없는 시간 죽이기 상자가 되어 버린 것이다. 자유로운 사고와 내면의 목소리에 귀를 기울이지 못하고 획일화된 인간으로 변해 가고 있다는 자각의 결과였다. 전문가들의 조언도 그저 가설일 뿐 의례적으로 하는 말이라는 결론에 이르렀다. 삼십여 년 동안 나는 멍청했던 것일까. 하루도 집 안에 있지를 못해 휴일에도 취미 생활이나 야외를 찾아 즐거움을 추구했던 사람들 또한 정말로 멍청한 사람들이었을까.

 텔레비전을 껐다고 특별히 뭔가를 하는 것도 아니어서 오히려 우울의 늪에 빠진 것 같기도 하다. 남아도는 시간 동안 살아온 날을 돌아보니 후회도 많고 서러운 순간도 많았다. 직면의 후유증은 삶의 무게를 견디며 이렇게 살다가 자연으로 돌아가야 한다는 무상심이다. '그냥 사는 거지 뭐.' 이런 생각이 들 때마다, 나약한 인간의 이중성을 풍자한 철학자의 문장이 꼭 나를 두고 하는 말 같다. 나는 멍청이인가 우울증 환자인가. 텔레비전을 즐겨 볼 때도 몰입한 채 빠져들고 있는 내가 멍청이 같다는 생각을 한 적이 있었다. 어쩌면 우울을 회피하는 방법으로 선택한 것이 텔레비전 시청이었을 것 같기도 하다.

 영상물들은 정보와 즐거움을 주는 것으로 사명을 다하는데, 쓸데없이 진지한 척 내 안의 소리를 듣고자 끄기를 선택했던 것 같다. 내 불경한 마음이 텔레비전 속 세상을 시끄럽고 번잡한 세계로 만들어 버린 결과일 수 있다. 몸의 움직임이 둔해지고 문자를 해독할 능력이 줄어들면 원 없이 영상물을 즐기게 될 것임을 안다. 그래서 생각할 수 있는 여지가 남아 있는 지금은 조금 우울해도 괜찮지 않을까. 쓸데없이 또 진지한 결론을 내린다. 멍청하게 살다 우울하게 떠나는 사람은 되고 싶지 않은데 어떻게 해야 하나. 초월의 힘은 언제쯤 생길까. 차라리 멍청이가 되는 길을 택하는 것이 옳을까. 따분하기 짝이 없는 대상은 텔레비전이 아니라 바로 나였다.

* 뒹굴러(뒹굴다+er): 뒹굴거리며 휴식을 즐기는 사람을 뜻하는 합성어로 필자가 남편을 부르는 애칭.

여름 숲에서 나무의 노래를 듣다

여름이 무르익으면 나무도 노래를 부른다. 성장이 끝난 나뭇잎이 서로 부딪는 소리는, 봄날의 나무로는 내지 못하는 여름 나무 그들만의 노래가 된다. 한여름 땡볕을 가르는 선들바람 정도로는 들을 수 없고, 푸른 바다가 포말을 일으키며 큰바람을 예고하는 전날쯤이면 푸르디푸른 노래를 테너의 목청으로 들을 수 있다. 일 년에 한 번 고해성사를 하는 매미와 나무의 노래가 없다면 여름날 몸이 느끼는 온도는 1도쯤 더 올라가지 않을까.

베란다 바로 앞에 산을 둔 우리 집에서는 자라는 나무와 숲이 변해 가는 모습을 사철 볼 수 있다. 잡초 한 움큼 뽑아내는 수고도 하지 않고 내 집 정원인 양 즐기며 살고 있으니 스스로 축복받은 집으로 여긴다. 노란 새싹이 돋아나 연두에서 초록으로 변해 갈 즈음이면 창을 넘어 들어오는 아카시아 향기로 호사를 누리기도 한다. 요즘 같은 여름에는 새벽부터 늦은 밤까지 매미의 합창을 들을 수 있다. 더위 속에서도 청량하고 시원한 여름의 소리를 제대로 듣는다.

여름에는 자명종도 소용이 없다. 매미들의 성화에 일찍 잠에서 깨면 자연스럽게 새벽 운동을 나간다. 바다를 보며 걸을 수 있는 해안일주도로는 벚나무가 조성되어 한낮에도 걷기 좋은 길이다. 산 중턱에 길을 냈으니 숲길이기도 하다. 이 길에 여름이 짙어지면 숲도 청정한 자연의 소리로 더 깊어진다. 나무의 노래를 들으며 혼자서도 걷기 좋은 길을 나무와 함께 걷는다. 나무가 말을 한다면 우리는 서로에게 하고 싶은 말이 많을 것 같다.

어릴 때부터 나무가 좋았다. 집을 둘러서 있던 감나무며 과실나무에서 피는 꽃들이 좋았다. 동네 은행나무 아래 앉으면 시원하면서도 마음이 편해졌으니 특별한 이유도 없이 좋았던 것 같다. 그냥 좋기만 했던 나무에 대해 새로운 인식을 하게 된 것은 『아낌없이 주는 나무』를 읽은 뒤부터였다. 책에서 나무의 향과 결을 느낄 수 있었다. 비바람과 눈보라에 꺾일지언정 스스로 피하지 않음으로써 아낌없이 주는 나무를 닮고 싶었다. 그러나 들어도 못 들은 척 알아도 모르는 척 보고도 못 본 척, 긴 세월을 지나고 보니 해소하지 못하고 쌓인 감정이 범람을 시작했다. 울대를 조이느라 깊은 호흡을 해야 했다. 나무가 눈으로 들어왔다. 나무의 속이 궁금했다. 꽉 찼을까. 타 버렸을까.

나도 말하고 싶은 사람이었다. 속에서 나온 말보다 내 귀에 걸린 말의 양이 더 많았음을 깨달았다. 반박의 가치도 없을 만큼 얕은 생각과 무분별하게 내뱉는 말에도 '나는 나무야.'라며 참아 낸 시간이 후회스러웠다. 발설하지 않고 안으로만 품으며 살아온 날들이 아프기도 했다. 나무는 사람의 이야기를 품어도, 사람은 말하지 못하는 나무와도 이야기할 수 있어야 했다. 나무가 속을 채우는 동안 나는 까맣도록 속을 태우다가 홀로 비워 냈다.

동네를 내려다보고 서 있는 소나무 아래 앉아 본다. 말하지 않아도 다 안다며 안아 줄 것처럼 품이 너르고 든든하다. 굳센 이 나무는 오며 가며 쉴 수 있는 쉼터이자 동네의 수호목이다. 이 고목은 얼마나 많은 이야기를 보고 들었을까. 속으로 품은 그 이야기들을 듣고 싶지만, 나무에 있어 사람의 이야기는 영원한 비밀이다. 불꽃처럼 살다가 사라져 간 내 이웃들의 이야기를 나무는 오래도록 기억해 주리라.

존경하는 선생님같이 나무를 좋아했다. 살아 있는 나무는 물론이려니와 목재를 좋아하는 이유도 나무 특유의 따뜻한 감촉과 향기에 있다. 나무에 대한 사랑은 식물로서의 우아미보다 한 그루의 나무가 갖는 고유의 이름과 전설 그리고 그 역사에 대한 관심으로 확장되었다. 고대 사람들에게 나무는 신앙과도 같았다고 한다. 나무는 여러 민족의 신화 속에서도 인간과의 밀접한 관계를 보여 준다. 그것은 인간이 나무에 의지하는 바가 크다는 뜻이다. 지구상에는 인간의 수보다 나무의 수가 더 많으니 어쩌면 지구는 나무를 위해 존재하는지도 모른다. 침입자를 품을 수밖에 없는 나무의 비애가 인간 군상과 닮았다.

옛 성현들은 나무를 통해 도를 터득했다. 공자도 핵심 사상인 인仁을 나무에 비유했다. 주역의 역易은 '나고 또 나는 것', 곧 계절에 따라 변하는 나무를 의미한다고 한다. 격물치지格物致知의 마음으로 나무를 바라본다는 인문학자가 있다. 그가 쓴 책*에는 우리 민족이 숭배한 박달나무와 불교미술의 비밀을 간직한 향나무에 얽힌 이야기들이 있다. 나무와 인간이 서로 의지하며 어울려 살아온 이야기는 나무의 소중함과 인간의 근본을 잊지 말라 한다.

천상의 성주가 땅에 내려와 속죄하는 과정에서 태어나 한국인의 기상이 된 소나무, 봉황을 기다리는 벽오동 이야기 등 나무의 전설이 사람의 이야기만큼 재미있다. 나무를 식물의 한 종으로만 생각한다거나 자연의 일부쯤으로 여기는 사람들이 이 책을 본다면 나무에다 너무 많은 의미를 부여했다고 하겠다. 그러나 마지막 책장을 덮는 여운은 나무에 대한 경외심으로 바뀌게 된다.

1,100년을 살았다는 용문사의 은행나무, 350년을 산 뽕나

무, 800년을 산 팽나무, 600년을 산 석송령, 500년을 산 측백나무와 향나무 등은 모두 현존하는 나무들이다. 꽂아 놓은 지팡이가 자라 나무가 되고, 국가에 이변이 생겼을 때는 소리로 알리고, 불을 질러도 타지 않았다는 고목들이다. 나무처럼 살고 싶었던 어린 마음을 부끄럽게 하는 나무다. 이들은 그 많은 비밀을 어디에 감추고 있을까. 뿌리일까 잎일까.

한자리에 붙박여 세상의 소리를 보고 들으면서도 말하지 않는 묵언의 삶은 수도자의 모습과 닮았다. 이러한 나무의 일생에 고개를 숙일 수밖에 없으니 천년 수도승이라고 부른다. 나무가 말을 못 하고 사람이 나무처럼 오래 살지 않는 것은 참으로 다행스러운 일이다. 평소 나무처럼 살고 싶었던 것은 인고의 세월을 이해하지 못한 교만이었을까. 그래도 나무처럼 살고 싶다. 잔잔한 바람에 흔들릴 줄 알고 강풍에 휘청거리면서도 뿌리만은 깊게 내린, 단단한 나무의 중심만은 닮고 싶다.

높아서 외롭고 고단했기에 여름날의 이 풍성한 녹음이 더 눈부시다. 빈 하늘을 향한 나무의 노래가 그 어느 때보다 짙고 푸르다. 매미도 온몸으로 노래를 부른다. 매미의 울음은, 말하지 못하는 나무가 매미의 몸을 빌려 토해 내는 다른 형태의 울부짖음이 아닐까. 나도 섞여 매미처럼 울고 싶다. 일 년에 단 한 번이라도 목청껏 울어 보고 싶다. 모든 그리움의 시작과

끝은 숲으로부터 시작된다는 시인의 노래가 공감된다.

푸른 물이 뚝뚝 떨어질 것 같다. 저 깊은 녹음 사이로 물들기 시작하는 노란 잎사귀 하나가 유난히 팔랑인다. 팔랑이는 신호에 맞춰 너울너울한 나뭇가지들의 군무가 시작되었다. 푸른 바람에 장단을 맞춘 춤사위는 노래가 된다. 청록색의 노래다. 노래가 있는 이곳은 여름날의 숲이다.

* 강판권, 『어느 인문학자의 나무 세기』, 지성사. 2002.

보쌈담

보쌈김치는 통배추를 절여 소를 넣고 잎사귀를 휘감아서 담그는 김치다. 본고장은 개성이지만 궁중 음식으로 발전해 오늘에 이르렀다. 각종 해물과 대추, 잣 등 여러 가지 고급 재료들로 더 화려하고 맛깔스럽게 발전했다. 고급 김치로 분류되어 이름이 알려진 한정식집에서나 맛볼 수 있었다. 귀한 음식이었는데도 평범한 이름 때문인지 요즘은 보쌈이라는 단어를 붙인 음식점 간판들이 흔히 눈에 띈다. 대중화된 식당 메뉴로서의 보쌈도 갖가지 푸짐한 쌈 재료들에 수육을 곁들여 구미를 당긴다. 풍성하게 차려 소탈하게 먹을 수 있는 대중 음식으로 자리 잡았다. 보쌈은 단지 무언가를 싼다는 뜻으로 여겨지지만, 원래의 뜻은 복을 싼다는 의미이다.

보쌈을 화두에 올리는 이유는 보쌈을 당해 결혼을 했다는 심 선생의 보쌈담에 이의를 제기하고 싶어서다. 그녀는 남편을 지칭할 때마다 빠뜨리지 않고 보쌈을 한 남편이라며 "보쌈"에 힘을 주어 말하는 특징을 가지고 있다. 보쌈 요리를 좋아하지 않는다고 말하면서도 보쌈을 말할 때 그녀의 안광은 평소보다 높아진다.

심 선생의 말에 따르면 이십여 년 전 보쌈을 당해 결혼을 했단다. 이러한 결혼에 불만이 있는 듯 말하면서도 여느 부부들처럼 아옹다옹하며 잘 살아가고 있다. 심 선생은 선한 눈매에 오뚝한 콧날과 백옥 같은 피부까지, 보쌈을 당하고도 남을 미모의 소유자다. 거기다 현모양처를 자처하니 이에 미치지 못하는 필부들은 그저 은근히 부러울 따름이다. 그녀가 보쌈의 기억을 말할 때는 마치 '나 보쌈당한 사람이야! 나처럼 보쌈당한 사람 있으면 나와 봐요.' 하는 것 같다. 그럴 때마다 보쌈의 기억이 그녀의 삶을 얼마나 매끈매끈하게 해 주는지 엿볼 수 있다. 보쌈의 기억은 남편과 자식을 사랑하는 힘의 원천이요, 세상을 포용하는 힘까지 가져다준 것 같다.

이러던 그녀가 어느 날 남편의 보쌈법을 소개했다. 들어 보니 그녀는 보쌈을 당한 것이 아니라 보쌈의 힘을 빌려 스스로 남편을 맞이한 것이었다. 연애 감정도 없었고 가슴 저린 불면의 밤을 보내 보지도 않아 억울하다고까지 하더니 세상에나! 스스로 헤엄을 쳐 강을 건넌 것이었다.

소개팅으로 첫 만남을 한 날, 남자는 그녀를 배에 태워 바다로 나섰단다. 남자는 헤엄을 칠 줄 아느냐 물었고, 자신이 있다는 여자의 말에 남자는 확신에 차 뱃머리를 돌렸다. 그리고 그녀의 직장 근처를 서성이기 시작했다. 한 달여 만에 걸려 온

전화를 받은 그녀는 심장이 멎는 줄 알았단다. 한 번의 만남이 있었고, 다시 한 달이 흘러간 어느 휴일에 이삿짐센터의 직원과 함께 남자가 나타났다. 그 남자는 여자의 가재도구를 트럭에 실어 가 버렸단다. 여자는 그 광경을 말없이 지켜보다가 자신의 짐을 따라갔단다. 단지 짐을 따라갔더란다. 직업이 뭔지, 수입이 얼마나 되는지, 집안 형편도 모른 채 자신의 짐을 따라가 한 남자의 아내가 되었다는 것이다.

텔레비전의 사극이나 구전 이야기 속에는 보쌈이라는 말이 등장한다. 외간 남자를 보에 싸서 데려와 딸이나 며느리에게 강제로 동침을 시킨다거나, 반대로 혼자된 여자를 남자가 보에 싸서 데려온 경우를 보쌈이라고 한다. 이렇게 강제적인 삶의 방편을 현대인들은 이해할 수 없으나, 여성에 대한 사회구조적인 억압 속에서 부모나 남자가 해 줄 수 있는 일이었을 것으로 그 시대를 이해하게 된다. 보쌈을 당했다는 심 선생의 주장은 따라오도록 밀어붙인 남편 덕분에 이루어진 결혼이라는 뜻이었다.

보편적으로 알고 있는 보쌈의 경우 외에 물고기를 잡는 어구 중에도 보쌈이라는 기구가 있다. 오목한 그릇에 먹이를 넣고, 구멍을 낸 보자기에 싸서 물속에 가라앉혔다가 먹이를 찾아 들어온 고기를 잡는 원시적인 어획 도구이다. 보쌈을 당했다는 심 선생의 말과 달리, 그녀의 남편은 트럭이라는 도구로 심 선생을 유인해 성공을 거두었다. 그녀는 모든 것이 보장된 그곳으로 스스로 들어간 것이었다. 물고기가 먹이를 찾아 보쌈으로 헤엄쳐 들어간 것처럼, 그녀는 사랑을 따라 들어간 그곳에서 새로운 삶을 시작했다.

여기까지의 이야기만 들어도 이 부부의 천생연분이 그려진다. 첫 만남에 배를 타고 나누었던 대화 속에서 그녀는 남자의 저돌성을 감지했다. 운명의 여신을 보았던 것이며 전화 한 통화에 가슴이 내려앉았던 것은 그녀의 예감이 적중했기 때문이었다. 이쯤 되니 그녀가 그 순진무구한 눈빛으로 날 어찌해 달라고 호소했을지도 모른다는 생각마저 든다.

그녀의 남편은 보쌈이라는 도구를 이용했을 뿐, 스스로 들어온 그녀를 품었다. 살면서 가장 잘한 일이 보쌈을 했던 일이라고 한단다. 그녀 또한 그날을 가장 소중한 운명의 날로 기억하고 있다. 부모의 사랑 이야기를 들으며 자란 아이들의 저력도 그날로부터 시작된 셈이다. 보쌈으로 이루어진 야무진 사랑이 있었기에 화목한 가정이 된 것 같다. 과연 보쌈이란 복을 싼다는 말이 딱 들어맞는다.

심 선생이 가장 자신 있게 만들 수 있는 요리는 보쌈이어야 할 것 같다. 집안 대소사에는 보쌈을 빠뜨리지 말아야 하고,

혹여 음식점을 운영하게 된다면 보쌈집이야말로 이 부부에게 성공의 기쁨을 줄 것 같다. 잘 살고 있는 그녀에게도 힘든 일이 있었다. 그럴 때마다 애꿎은 보쌈 탓을 하며 골목 보쌈집 앞에서 고개를 돌리고 남편을 원망하기도 했단다. 그런데도 그녀의 보쌈 이야기는 항상 촉촉한 물기를 머금고 있다. 보쌈은 커녕 그 비슷한 기억도 없고, 앞으로도 보쌈을 당할 것 같지 않은 나로서는 저 예쁜 여자의 자화자찬이 얄밉고도 사랑스럽다. 결혼 이야기를 할 때마다 빛나는 자신의 눈빛을 그녀는 알까.

보쌈김치나 보쌈 요리를 먹을 때에도 보쌈이라는 단어는 늘 관념 속에 있었다. 옛이야기 속의 보쌈 행위도 먼 과거의 일일 뿐이었다. 21세기 대명천지에 가까운 지인의 보쌈담은 잠시 귀를 의심하게 했으나, 이 예쁜 여자의 얼굴을 보니 남편의 보쌈 행위에 박수라도 보내고 싶다. 사랑은 아무나 하나. 보쌈은 아무나 당하나.

작은아버지를 그리다

　도화지에 선을 긋는다. 타원을 그리고 얼굴의 중심을 잡는다. 삼등분한 타원에 이목구비를 나누어 맞춘다. 눈 코 입을 그리고 지우고, 다시 그리기를 반복한다. 사진 속의 인물보다 더 잘 그리고 싶은 마음이 앞선다. 형태가 그려지고 명암을 넣자 조금씩 생명이 나타난다. 마지막으로 눈동자에 점 하나를 찍는다. 점안식이 끝나자 사진 속의 인물이 나를 향해 웃는다. 아버지를 그렸는데 그림 속에서 작은아버지가 웃고 있다. 아버지를 제대로 묘사하지 못해서다. 사고가 일어나지 않았다면 이런 모습으로 반듯한 일생을 사셨을까. 다시 그려야 하는 마음 안에 안쓰러운 한 남자가 있다.

　한 사람을 온전히 아는 건 참 어려운 일이다. 그 생애를 꿰뚫어도 모든 것을 이해하기란 불가능하다. 이해해 주고 싶은 마음만 있을 뿐이지 온전한 이해란 없다. 한 부분이라도 이해할 수 있다면 그 상대가 누구든 가슴으로 껴안을 수 있을 것이다. 어렸던 나는 잃기를 반복하며 살아온 작은아버지의 일생에 대한 이해가 부족했다. 무섭고 미울 때도 있었고, 불쌍한 존재이기도 했다.

유아 시절의 작은아버지가 넘어진 곳은 안타깝게도 불이 담긴 화로였다고 한다. 유아들이 넘어지는 것은 일상처럼 흔한 일이고, 넘어졌다 일어서기를 반복하는 것은 성장의 과정이다. 하지만 작은아버지의 삶은 이 당연하고도 평범한 일에서조차 불운이 따랐다. 백방으로 의사를 찾아다녔음에도, 되돌릴 수 없었다고 한다. 조부모님은 한쪽 눈을 잃은 자식에 대한 애처로운 심정을 과한 사랑으로 감싸안으셨다. 풍족했던 집안의 응석받이 막내는 성격이 유별날 수밖에 없었다. 작은아버지는 어머니마저 일찍 여의었다.

 결혼을 위해 새로 지은 작은아버지의 집은 아담하고 예뻤다. 마당의 텃밭에는 딸기꽃이 피고 지며 열매를 맺고, 장독대 옆으로 늘어진 덩굴 아래 포도가 익어 가는 집이었다. 울타리에 핀 백합은 작은집의 풍경을 더 돋보이게 했다. 신혼부부의 방은 새집 분위기에 맞게 깔끔히 꾸며져 집과 잘 어울렸다. 정지간의 음식 냄새마저도 새로웠다.

 반들거리는 작은집 마루에서 미소 띤 젊은 여자의 얼굴을 오래 바라보기도 했다. 빛을 담은 얼굴로 나를 보는 시선이 부담스러우면서도 끌려들었다. 여덟 살, 그때까지 이렇게 예쁜 여자의 사진을 본 적이 없어서 환상을 보는 것 같았다. 세상을 떠난 지 삼 년쯤 된 고모였다. 어쩌면 그 사진을 보기 위해 심

부름을 즐겨 하였는지도 모른다. 흑백사진 속 미소로 남은 고모도 작은집의 풍경과 함께 아련히 떠오른다.

작은어머니는 예쁘장한 얼굴에 말수가 적고 순한 새색시였다. 빨갛게 잘 익은 딸기를 소쿠리에 담아 우리 집으로 가져오시고는 했다. 그 모습은 가녀린 실루엣으로 남았다. 여리고 결이 고왔던 작은어머니는 남편의 까다로운 성격을 힘에 겨워 하셨다. 어린 부부는 아이를 낳아 키우면서도 늘 난파선을 타고 있는 사람들처럼 치열했고 위태위태했다. 그분들의 형이요 형수였던 내 부모님의 한숨 소리는 어두운 밤이면 더 크게 들렸다.

그즈음 작은아버지는 신혼집을 처분하고 다시 새집을 지었다. 장남의 출생으로 심기일전하셨던 것 같다. 당신의 손으로 비탈을 일구고 손수 지은 집에 꽃과 나무를 심었다. 작은집의 농장에는 꽃과 과실이 넘쳤다. 그 그림 같은 풍경 안에는 두 아들이 있었다. 아이를 키우는 일은 그 어떤 행복에도 버금갈 수 없기에, 아마도 작은아버지의 일생에서 가장 행복한 시절이었을 것이다.

갖가지 꽃이며 열매들이 넘치게 많았던 작은집의 농원을 좋아했다. 일반적으로 흔하지 않은 꽃들과 과실수에 관심이 많았다. 꽃들을 보기 위해 작은집으로 가 일을 거들며 농원의 언덕을 다람쥐처럼 오르내리기도 했다. 이때 작은아버지의 목소리는 늘 다정했고 눈빛은 온화했다. 나의 형제들은 농번기나 주말이면 작은아버지의 농장 일을 도왔다. 포터에 물을 주거나 모종을 옮기고 농작물의 곁가지 순을 따며 일을 배우기도 했다. 덕분에 우리 오 남매는 과일만큼은 원 없이 먹으며 자랄 수 있었다. 과일이 무척이나 귀했던 때였다.

작은아버지의 행복은 오래가지 않았다. 작은아들을 잃는 불운을 겪는다. 두 아들 중 유난히 총명했던 둘째는 일곱 살의 어린 나이에 예고도 없이 아버지의 평화를 거두었다. 사촌들의 생일이 되면 손수 떡을 쪄 어린 마음을 채워 주셨던 나의 부모님도 어느 밤을 하얗게 눈물로 새워야 했다. 이때부터 작은아버지의 심정을 생각하며 조금이나마 같이 아파했다. 정신을 잃고 쓰러질 지경에도 나에게만은 늘 다정하셨던 작은아버지를 기억한다.

작은아버지는 탕자가 되어 온 동네를 집어삼킬 듯 포효했다. 울부짖음은 메아리가 되어 고즈넉한 시골 마을을 흔들었다. 초점을 잃은 눈빛으로 사라지지 않는 울분을 토하느라 이성을 놓은 채 메말라 갔다. 후회와 원망으로 자신을 갉아 댔다. 꽃들은 피었으나 눈에 띄지 않았고 농원에는 잡초만 무성해졌다. 사촌 동생의 웃음이 머물던 자리에는 숨쉬기조차 힘겨운 작은

아버지의 눈물만 흘렀다. 여리디여렸던 작은어머니도 다른 사람이 된 듯했다. 정원의 안주인 옷을 벗어던지고는 직장 생활로 가족의 생계를 이었다.

　인물화를 그릴 때 가장 표현하기 어려운 부분은 눈이다. 마음을 담아야 하기 때문이다. 초보인 탓에 몇 번씩 지우고 그리기를 반복한다. 지우개를 든 손을 멈추고 보니 반쯤 지워져 얼룩진 왼쪽 눈이 망가졌다. 한쪽 눈을 상실한 작은아버지의 모습이다. 의도하지 않았는데도 눈을 잃은 작은아버지의 초상화가 되었다.

　작은집의 액자에는 청년 시절의 작은아버지 사진이 걸려 있었다. 안경을 벗은 당당한 모습을 올려볼 때마다 사라진 왼쪽 눈이 애석하고도 애석했다. 청년의 오른쪽 눈은 두 눈의 정기를 합한 듯, 발설하지 못한 말을 담은 듯 형형한 빛을 품고 있었다. 반듯하게 잘생긴 얼굴에서 사라진 눈, 그 눈이 가져가 버린 애초의 행복은 어떤 모습이었을까. 작은아버지의 감긴 왼쪽 눈은 끝내 익숙해지지 않은 내 어린 시절 무섬증의 시작이기도 했다.

　검은 안경을 쓴 작은아버지의 영정은 앙다문 입술과 오똑한 콧날만 보여 주었다. 평소 작은아버지는 외출하거나 격식을 차려야 할 자리에는 검은 안경을 꼈다. 그것은 작은아버지가 사람을 대하는 최고의 격식이자 예의였다. 패션의 완성과도 같았다. 영정 속 검은 안경은 작은아버지가 남긴 마지막 예의였을까. 작은아버지는 자신의 얼굴을 온전하게 드러내지 못하고 가셨다.

반쪽의 눈으로 온전하게 살고자 했기에 더 빛났던 오른쪽 눈이었다. 그 눈으로 두 눈을 가진 사람들의 반쪽 마음을 읽었을 수도 있다. 반듯한 얼굴의 사람들이 마음의 색안경을 끼고 바라보는 시선 또한 견디기 힘들었을 것이다. 작은아버지의 색안경은 자신의 눈을 감추기 위한 것이 아니라 편견과 차가운 시선을 차단하기 위한 선택이 아니었을까.

아픔을 견디지 못해 마을의 주정쟁이라는 기호로 각인될 수밖에 없었지만, 꽃과 과실이 넘치던 농원이 작은아버지의 본성이라는 것을 안다. 손수 흙집을 짓고 집칸을 늘리며 나무를 가꾸었던 심성을 알기까지 참 많은 시간이 흘렀다. 어린 손주들이 당신의 외모에 놀라 울음을 터뜨릴 때마다 슬그머니 일어설 수밖에 없었던 외로움도 미처 알지 못했다.

친정에서 산후조리를 할 때 작은아버지가 족발을 사 오신 적이 있다. 털이 숭숭 박힌 족발 덩어리를 내놓자 아버지는 손질이 제대로 안 된 것을 샀다며 타박을 하면서도 오래 달여 주셨다. 처음으로 용돈을 드렸을 때는 말보다 더 기쁜 표정을 보여 주셨다. 그때 작은아버지의 딸 노릇을 해야겠다고 생각했지만, 그때가 처음이자 마지막이었다. 오래 사셨다면 기회가 있었을 텐데, 작은아버지는 회갑도 넘기지 못하고 돌아가셨다.

어둠 속을 헤매는 사람에게 불빛은 구원과도 같은 것이다. 불빛을 따라 걷다 보면 길을 만나고 사람을 만난다. 어렸던 나는 작은아버지께 장명등처럼 길을 밝혀 주지는 못하고, 당신의 일생을 흔들며 지나온 바람만 가슴에 새겼다. 회오리 속에서 중심을 잡지 못하고 겉돌기만 했던 당신의 일생은, 두 다리로 단단하게 땅을 밟으며 살라는 체험적 가르침으로 남았다. 어떠한 일이 있어도 흔들리지 말고 진중하게 살아야 한다는 마음을 다지게 된다.

지웠던 눈을 다시 그려 본다. 여전히 홀쭉했던 작은아버지의 얼굴을 닮았다. 후덕한 아버지의 얼굴을 제대로 표현하지 못해서다. 왼쪽 눈을 잃지 않았다면 이런 모습으로 평생을 다복하게 사셨으리라. 두 눈 가득 정을 담고서, 나처럼 살지 마라. 잘 살아라. 그림이 살아나 말을 걸어온다.

하자보수

　　핑크빛 제복에 단아한 얼굴의 전사들이 나를 에워 쌌다. 어울리지도 않는 연장들을 들고 사물처럼 내려다본다. 서로 마주친 눈길에 질끈, 내 눈은 저절로 감긴다. 시트에 덮이는 이 순간부터 나는 녹색의 시트일 뿐, 나란 존재는 자그마한 국소로 저들에게 인식될 것이다. 둥글게 뚫린 작은 구멍을 통해 우리는 소통하게 되리라. 쇠붙이들끼리 부딪히는 소리가 고요를 깨운다. 흡입기의 작은 바람에도 긴장이 고조된다.

　소독액이 피부를 닦고 지나가자 입안 깊숙한 곳에 통증이 찌릿하다. 말할 수 없는 불쾌감에 몸이 떨리더니 서서히 감각이 무디어 온다. 편한 자세로 누웠건만 발가락이 빳빳하게 일어선다. 목구멍 언저리의 마취는 어느새 분비물의 흐름까지 막아버렸는지 이비인후의 통로가 끈끈해져 숨쉬기도 곤란하다. 무디어 오는 감각을 밀어낼 듯 촉수를 곤두세운다. 여기는 치과 진료실의 외로운 섬, 수술실이다.

　둘째 아이의 백일 무렵, 치아에 통증이 찾아들었다. 겉으로는 멀쩡해 보이는 치아였기에 가벼운 마음으로 치과를 찾았다. 진찰의 결과는 발치가 답이었다. 의사는 치아가 결손된 뒤의 후유증을 말해 주지 않았다. 외관상 보이지도 않는 어금니 하나쯤은 없어도 문제 될 것이 없다는 생각이었다. 이후에도 치아 관리를 위해 치과를 찾았지만 만난 의사 중 누구도 치아 결손의 문제점에 대한 안내가 없었다. 음식물이 덜 씹힌 채로 넘어가고 조금만 딱딱해도 씹을 수가 없었다. 자연스럽게 반대편으로만 음식물을 씹게 되었다.

흰머리가 늘어나고 노화의 증세가 생기면서 몸에 관심을 가지게 되었다. 거울을 보는 횟수가 늘어난 어느 날, 길게 내려앉은 윗어금니가 눈으로 들어왔다. 받침대를 잃은 어금니는 옆으로 삐드러진 채 치열을 이탈해 있었다. 잊고 있었던 시간 동안 앞니는 비틀어지고 오른쪽 치아로만 씹었던 저작 탓에 얼굴은 비대칭이 되어 있었다. 가족들의 몸이 내 몸인 양 살아온 지난 시간이 저 멀리서 손을 흔들었다.

새로 만난 의사는 치아 하나의 결손으로 인해 주변 치아가 받아야 하는 고통을 잘 설명해 주었다. 건강한 치아의 노화를 촉진하는 원인이 된다며 보철을 권했다. 결손된 치아를 메우기 위해서는 내려온 윗니를 올려 주는 치료가 우선 되어야 했다. 이렇게 윗니를 올리는 교정이 시작되었다. 다행히 잇몸은 건강했다.

입안에 철근 지지대가 자리 잡은 지 수개월째다. 윗어금니를 에워싸고 있는 철사의 이물감은 상상 밖의 곤혹감을 가져다주었다. 뱉어 버리고 싶어도 뱉을 수 없는 이 구조물은, 말하기는 물론이요 음식을 씹을 때마다 혀의 옆구리를 꼬집어 댄다. 순식간의 통증으로 눈물이 찔끔거리고 입안은 상처투성이다. 꾹 참고 비릿한 양념이 추가된 음식물을 먹어야 할 때도 있다. 입안의 혀가 아니다. 끼니때마다 혀를 관리하느라 온 신경을 집중하게 되고 미식의 즐거움도 포기해야만 한다. 마치 공사 현장을 지나다닐 때 전후좌우를 살피는 것처럼 혀의 안전을 위해 조심, 또 조심해야 한다. 시작이 반이라는 말로 위안을 삼는다. 시간과 비용이 많이 드는 힘든 과정이지만 내일을 준비하는 마음으로 치료를 받고 있다. 지난 삼 개월이 기초공사였다면 오늘은 인공치아를 심기 위한 본 공사의 시작이다.

무디어진 감각은 핑크빛 제복의 저들이 하는 일을 이론으로 알고 있을 뿐, 무슨 일이 일어나고 있는지는 느낄 수가 없다. 저들이 내는 소리로 공사의 진행을 추측할 뿐이다. 잇몸이 으스러지면서 내는 소리에 진저리가 난다. 공사가 빨리 끝나기만을 빈다. 누르고 깎고 갈더니 꿰매는 것으로 마무리를 한다. 나사를 심은 잇몸은 팩으로 잘 감싸 놓았다. 수술 부위의 실밥을 제거하는 날까지 상처를 잘 보호해 줄 것이다. 시트가 벗겨지고 살았다는 안도감을 느낀다. 양쪽 눈가에 고인 눈물은 짧은 시간 누르고 있던 긴장의 무게와 더불어 닦여 나갔다. 잇몸 깊숙한 곳에서 시작된 마취는 시작과는 달리 긴 시간을 두고 풀릴 것이다.

왼쪽 볼이 차갑게 식었다. 내 몸이면서도 내 몸 같지 않고 생명 같지 않게 차갑다. 굳은 혀와 반쯤 열린 입술 사이로 고인 침이 삐죽이 흘러나온다. 뱉어 보지만 힘차게 나가떨어지지도 않는다. 입안을 감도는 쓰디쓴 치주팩 냄새는 먹고 싶은 마음도 잠재웠다. 왼쪽 어금니는 천막과 철근 지지대로 보호막을 만든 공사 현장을 방불케 한다. 공사장 주변에서 놀고 있는 아이를 보는 마음처럼 세 치 혀가 아슬아슬하다.

결핍은 또 다른 결핍을 불러들인다. 몸의 어느 한 곳이 앓게 되면 전체적인 균형은 깨어질 수밖에 없다. 발치를 한 뒤에 바로 인공치아를 해 넣었다면 이런 수고로움을 겪지 않아도 됐을 것이고 건강했던 치아도 덜 힘들었을 것이다. 문제가 생기면 제때 치료를 해야 하는데 무지로 인해 미련의 시간을 겪었다.

아무런 예비지식도 없이 찾아간 치과에서는 치료의 어려움을 잘 설명해 주었지만 지난 삼 개월은 특별한 인내를 요구받은 시간이었다. 노화가 오더라도 자연스럽게 받아들이며 고고하게 살고 싶었다. 노화를 입에 올릴 나이도 아니면서 고상한 노후를 설계하고 노년의 삶을 만만히 생각했던 오만을 반성한다. 흰머리와 미세 주름이라는 반갑지 않은 손님 앞에서 기존의 가치관이 흔들리고 있다.

요즘은 도시나 시골을 막론하고 온 세상이 공사 현장이다. 개발하고 또 개발하고 그로 인해 환경이 오염된다고 야단법석이다. 많은 사람이 발 디디고 사는 세상에서 하자를 보수하는 것은 필수이고, 개발을 해야 앞으로 나아갈 수도 있다는 것을 안다. 그럼에도 공사 현장을 지나칠 때마다 무분별하게 파헤친다며 구시렁거렸다. 치과를 다니면서부터 하자보수의 필요성을 절실하게 느낀다. 젊은이들 사이에서는 아예 난개발을 추진하여 새롭게 태어나는 사람들도 있다고 하니, 그것이 선택의 문제라는 이해심까지 생기게 됐다.

앞으로도 삼 개월가량은 찔릴세라 물릴세라 애지중지 혀 관리를 해야 한다. 통행에 지장을 주던 공사 현장의 철근과 천막이 걷히고 나면 말끔한 새 건물이 인물 자랑을 하듯, 고른 치아가 만족감을 가져다주리라 기대해 본다. 철근을 걷은 해방감으로 혀는 능수능란하게 음식물을 골고루 섞어 줄 것이다. 먹는 즐거움이 가까이 왔다.

권태가 지나간 자리

　　　　　하늘, 어딘가에 갇힐 수 없는 절대 무한대의 공간이다. 그냥 허공일 뿐인데 하늘이라고 이름 지은 것은 저 공간의 색깔이 날마다 다른 데에 이유가 있다. 무의 세계가 아니라 색의 세계이다. 그곳을 우러르며 기도하는 건 그 빛이 주는 숭고함 때문이리라. 하늘은 넓으나 창을 통해 보는 하늘은 좁디좁다. 작은 창으로 손바닥만 한 하늘을 보며 두 번의 계절을 보냈다.

　방바닥에 누워 창으로 본 하늘에는 굵은 전선 세 가닥이 동·남으로 걸리고, 가는 전선 세 가닥은 더 높은 위치에서 동·서·남 방향으로 빳빳하게 누워 있었다. 길게 가로지르는 전깃줄과 빨랫줄 아래에 직선으로 서 있는 가느다란 기둥들이 이 작은 세계의 유일한 무늬였다. 2월의 무미건조가 회색의 벽을 타고 내릴 때, 저 구조물의 정체가 몹시도 궁금했다.

　빨랫줄에 빨래가 걸린 적은 없다. 아마도 접이식 신형 빨랫대에 밀려서 존재감을 잃었으리라. 녹슨 빨랫대에 후줄근한 빨랫줄이 걸쳐 있는 풍경은 나른한 오후를 더 노곤하게 만들었다. 점심을 먹고 식곤증이 찾아올 만한 이 권태의 시간이 되면 눈은 곧잘 격자무늬 창으로 향한다.

  작은 하늘에도 가끔 새가 날아와 짧게 노래하고 떠나간다거나, 때로는 오래도록 앉아 숲속 이야기를 늘어놓은 뒤 사뿐히 날아가고는 했다. 주말이 되면 밀짚모자를 쓴 중년 남자의 상체가 앉았다 일어나기를 반복하고, 격자무늬 프레임을 따라 옮겨 다니다 사라졌다. 옥상 텃밭을 가꾸는 중년의 남자를 상상하는 것은 나의 생각일 뿐, 그가 거기서 하는 일을 본 적은 없다. 사내가 나타나면 창의 블라인드를 조금 내려 그의 눈이 닿을 수 있는 시야를 막았다. 각각의 프레임을 느끼며 소리를 상상하는 시간이 잦았다.

  세상의 소리, 목소리가 그립다. 금과옥조 같은 이야기가 아니라 아웅다웅하는 생활 속의 이야기가 그리웠다. 그럴 때마다 불현듯 일어나 공원으로 시장으로 세상의 소리를 만나러 나선 건 권태를 밀어내기에 좋았다. 시장 구경도 식상해질 즈음 창밖의 허름한 빨랫줄에 내 인생의 편린들이 걸리기 시작했다. 줄에 걸린 조각들을 하나하나 들춰 보니 다 고요하기만 하다.

  아버지 등에 업혀서 보았던 황금빛 보리밭과 보라색 자운영 꽃밭이 펼쳐졌다. 봄이면 들판 가득히 보랏빛 구름 같은 꽃이 피었다. 소가 쟁기질을 하고, 김을 매고 모내기를 하던 어머니들과 길가에 피던 코스모스까지. 계절마다 곡식이 자라며 색을 달리해 주었던 기억 속 평화의 광장까지 권태가 찾아들었다. 따뜻하고 평화로웠던 유년의 기억이 배로 늘어나 대롱대롱 열렸다. 내게도 그런 날이 있었다.

아이의 자취방은 격자무늬 창으로 실내장식에 신경을 쓴 주인의 안목이 느껴지는 방이다. 미닫이 유리문의 양쪽 창에는 서른 개의 사각 프레임이 들어앉아 있다. 프레임마다 제각기 다른 무늬를 담고 있는 것은 당연하다. 무늬라고 해야 가로세로 줄무늬뿐이고, 재미없는 줄로 무늬를 만든 남성복처럼 밋밋한데도 색다른 감각을 느낄 때가 있다. 이 서른 개의 프레임 중에서 가장 돋보이는 그림은 꼭대기에서 네 번째 칸, 안테나처럼 생긴 물건이 담긴 프레임이다. 생김새는 텔레비전 안테나 아마추어 무선사들이 설치한 안테나 같은데 크기로 보아서는 그 정체를 알 수가 없다. 디지털 방송용 안테나도 아닌 저 물건의 용도를 추적하고 공상하는 것도 권태의 시간을 보내기에 좋았다.

난간을 거무튀튀한 곰팡이로 물들인 옆집의 옥상은 작은 창의 무늬이자 골목의 바람을 막아 주는 바람벽이다. 바람이 건드려도 흔들림이 없어 바람이 어디서 불어오는지 알지 못한다. 다만 바람을 밀어냄으로써 나의 창에 파문을 일으키기도 한다.

감수성이 예민해 심약한 아이는 쉽게 상처받고 주저앉는다.

자신의 의지와 달리 우리 가족의 아픈 손가락이다. 날아온 새가 말한다. 아플 만큼 아프고 나면 스스로 일어날 거라고. 실패로 얻는 것은 성공만이 아니라고 한다. 아름다움이나 부와 명예도 아플 만큼 아픈 후에 얻어지는 것이란다. 빨랫줄이 느린 진동을 하더니 새가 날아오른다.

"죽을 만큼 아프면 지가 알아서 하지."
'죽음 직전의 아픔이 올 때까지 기다려야 하는가'

"사람이 그리 쉽게 죽는지 아니?"
'죽지 않으면 만사형통인가'

"희생하지 마."
'부모가 아픈 자식을 돌보는 것이 희생이란 말인가?'

공으로 살기를 바란 적 없었다. 나의 안위를 우선하며 살고 싶지 않은데도 안타까운 마음들이 관심으로 다가왔다. 작은 창으로 수많은 말이 드나들었다. 도움이 되지 않는 말, 마음에 담아 둘 필요도 없는 말까지도 스멀거리며 지나갔다. 아픈 아이의 조섭을 챙기는 일이 남의 입살에 오를 일이던가. 몸이 약하면 건강해질 일이, 어리다면 더 성장할 여지가 남보다 많을 뿐이다. 천천히 가되 정확한 착지를 할 수 있는 기회가 되리라 했다. 아이는 불효를 하고 나는 무능한 어미가 되었다. 위무만이 진정한 마음이다.

자유롭게 상상하고 행동하며 날아오르기를 바랐다. 바람에도 불구하고 아이는 스스로 날개를 접으려 했고 우리는 아이의 생각을 받아들였다. 나처럼, 내가 살아온 만큼, 내가 원하는 그 크기에 맞춰질까 조심스러워 걱정의 잔소리조차 할 수 없었다. 더 단단하고 깊어지기 위해 자신을 담금질하겠다는 뜻으로 받아들였다. 인생에 무의미란 없음을 알기에, 자신의 의지대로 살아가기를 응원했다. 기다려 주겠노라 했다.

빨래가 널리지 않는 후줄근한 빨랫줄에 추억이 열리고 생각이 매달리고, 권태가 널리는 날들이 이어졌다. 옥상 난관 위로 살짝 얼굴을 내민 넝쿨과 조우 한날, 궁금증은 풀렸다. 주말마다 나타나던 남자는 저 넝쿨이 잘 자라도록 돌본 것이었다. 넝쿨은 나의 창에서 자라는 유일한 생명이요 하늘 아래 푸른색이다. 넝쿨은 안테나처럼 생긴 철 구조물을 타고 올라 빨랫줄까지 영역을 넓히고 하늘을 향해 올랐다. 옥상 텃밭도 농사라고 밀짚모자를 갖춰 쓴 농부의 복장으로 계단을 올랐을 남자의 경건함에 짧은 탄성이 터져 나왔다.

회백색의 옥상에 물이 올랐다. 넝쿨은 바람의 강도와 방향을 몸으로 보여 주며 옥상의 숲이 되어 가고 있다. 숲이 자라면서 권태는 점점 힘을 잃어 가더니 내 몸 안에 유기체 하나가 다시 생성되고 있다. 어제까지 없었던 아기가 내 품에 안기고 자라나던 그 순수의 시간이 떠오른다. 아이도 언젠가는 낙락장송 같은 나무가 되고 어울림으로 무성한 숲의 일원이 되리라.

하늘가에서 자라는 가느다란 이파리 하나가 방싯방싯 나를 희롱한다.

침묵

　　　　　녹이 슨 옥색의 대문이 말을 잃었다. 우편함도 빛이 바랜 우편물을 토해 내다 걸린 듯 반쯤 물고는 말문이 막혀 버린 것 같다. 가끔 집배원이 다녀가지만 주인의 부재를 알고 있는 집배원 또한 말을 잃었다. 굳게 닫힌 대문을 열면 햇볕에 남루해진 의자가 사람을 갖지 못하고 침묵 중이다. 교통사고 후유증으로 다리가 불편하셨던 아버지는 집 안 곳곳에 의자를 놓으셨다. 마당 가에 의자를 놓고 홀로 앉아, 집 앞을 지나는 이웃들과 인사를 나누거나 손자들이 뛰노는 모습을 바라보기도 하셨다. 잔디가 깔린 마당에서 아버지의 시간은 고즈넉했다.

　마당에는 웃자라 버린 풀들이 무성하다. 나무들도 서로 가지가 얽힌 채 엉거주춤 서 있다. 계단을 올라 집 안으로 들어선다. 사람의 냄새를 밀어낸 퀴퀴한 공기가 무겁게 집 안을 채우고 있다. 공기마저 무겁다는 표현이 적절한지 모르겠다. 먼지를 덮고 앉은 전화기와 빨랫줄에도 형언할 수 없는 무게가 있다. 이 모든 것들은 사람을 기다리는 중이다. 그중에서도 아버지의 귀환을 바라고 있다. 기약할 수 없는 기다림은 침묵으로 대체되었다. 녹슨 대문은 침묵의 무게를 견디기 어려울 때마다 저절로 삐걱댄다.

 모두가 떠나간 빈집. 사라진 소리를 찾으려 귀를 기울여 보아도, 집 안의 소리는 고요 속을 걷는 나의 움직임이 전부다. 집 안을 헤집고 다니는 나를 물끄러미 주시하는 침묵이 부담스럽다. 아버지의 노래로 집을 깨우고 창문을 열자 녹색의 바람이 가벼운 걸음으로 창을 넘어 들었다. 달큰하다.

 오랜만에 물을 맞이한 화초에 생기가 돈다. 침묵의 공간으로 드나드는 소리를 따라 푸른 들도 내게로 와 기웃거린다. 한잔의 커피를 중심으로 추억들이 옹기종기 모여 앉았다. 부모님과 어릴 적 친구들, 그리고 그들의 아버지, 어머니. 그 목소리들을 다시 들어 보고 싶다. 논두렁마다 넘쳐 나던 쑥이며 냉이, 농로의 물 위를 뛰어다니던 물방개와 소금쟁이마저 그리워지는 시간이다. 맞아 주는 이 없이 혼자 문을 열어 빈집을 청소하고 제 손으로 자물쇠를 채운 날이 많았다. 철커덕 문이 잠기는 소리를 들으며 집을 나설 때도 늘 침묵이 함께했다. 뜨거운 심장만 팔딱거렸다.

 초등학교 6학년의 겨울방학은 중학교 진학이라는 두려움과 희망이 교차하는 시간이다. 그 겨울 마법에 걸린 나는 말을 잃었다. 말을 하고 싶었지만 내 안의 정제되지 않은 감정을 말로 표현할 수가 없었다. 이십 대 초반에 어머니를 여의었을 때도 마음의 무게를 표현할 수 없기는 마찬가지였다. 결혼으로 맞닥뜨린 두 생각의 이질화와 출산의 고통과 기쁨 앞에서도 하고 싶은 말은 표출되지 못하고 마음 깊은 곳으로 가라앉았다. 태어난 이상 겪어야 하는 고통의 순간을 침묵으로 받아들일 수밖에 없는 것은, 그것이 우리의 숙명이기 때문일까.

아무도 살지 않는 아버지의 집에서 말을 걸고 싶은 대상은 모두 내 안에 있다. 내 안의 나와 내 안의 모두에게 마무리되지 않을 이야기를 침묵의 묵인 아래, 하고 또 한다. 6학년의 그 겨울, 남향인 아래채는 온몸으로 햇볕을 받아들이고 있었다. 그 빛으로 따뜻해진 툇마루에서 이제는 어린이가 아닌 나에게 말을 할 때도 침묵 속에 있었다. 침묵이 하고 싶은 말의 포화 상태를 말하는 것이라면, 그 고요에 귀를 기울여 볼 필요가 있다.

창이 많은 아버지의 집 안으로 커다란 빛이 획을 그리고 섰다. 장남의 결혼을 앞두고 아버지는 기와집을 허문 그 자리에 현대식 주택을 지었다. 집을 지으면서 아버지는 목수가 되고 싶었던 어린 시절의 소망을 조금이나마 해소하신 듯 보였다. 집은 창이 많아야 한다며 거실과 방의 전면에 큰 창을 냈다. 그렇게 낸 창으로 들어온 빛은 실내의 집기들과 조화를 이루고 일정한 형태를 가짐으로써 현대미술의 추상화 같은 빛을 만들어 냈다. 빛은 날마다 시간마다 침묵 속을 드나들었다.

　아버지도 당신이 소원했던 인생의 꿈이 있으셨겠지만 충족하지 못했음을 안다. 젊은 아버지가 닿고자 했던 그곳을 모른 채 원망과 서운한 마음만이 당신께로 향했던 시기도 있었다. 필요와 욕구 사이에서 경계를 짓지 못해 불안했던 어린 날이었다. 나이가 오십이 되면 그 모든 욕망에서 벗어날 줄 알았지만, 나의 바다는 지천명을 넘기고도 여전히 출렁대고 있다. 해야 할 말과 하고 싶은 말이 많다는 뜻이다.

　그날도 거실은 햇볕을 가득 담고 있었다. 아버지의 용변이 침대에서부터 화장실까지의 짧은 길에 무늬를 그린 날, 나이 쉰을 넘긴 아들은 아버지를 등에 업었다. 아버지는 그렇게 집을 떠나셨다. 업힌 아버지의 등 위로 햇살이 길게 따랐다. 집을 떠나는 아버지의 뒷모습을 오래도록 바라보았다.

　이 겨울만 지내고 돌아오리라 하셨던 아버지의 병상 생활도 네 해째 이어지고 있다. 입원 당시의 아버지는 요양병원에서 지내야 하는 상황을 긍정적으로 받아들였다. 의료진의 지시를 잘 따랐고, 병원에 개설된 치유 프로그램에도 적극 참여하며 빠른 적응을 보여 주셨다. 착잡함을 감추고 열린 마음으로 자식들의 불효를 막아 주었던 아버지는 요즘 들어 침묵의 시간을 늘려 가고 있다. 팔십 년 생애의 마지막 통과의례만을 남겨 놓고는 영원한 침묵을 준비하고 계신 듯하다. 아버지도 집과 함께 긴 침묵에 빠졌다.

외출을 허락받은 아버지는 아들의 차를 타고 집엘 다녀가기도 하셨다. 그러나 병원 생활 3년이 지나면서 외출 금지를 통보받았다. 침상 생활이 길어지며 나날이 쇠약해지고 기억에 혼선을 빚기도 한다. 친구들과 통화하며 무료함을 달래거나 요양보호 종사자들께도 고마움을 직접 표현하셨던 아버지는, 이제 모든 집착에서 벗어나 비로소 마음의 평정을 찾으신 듯하다. 휴대전화기와 지갑에서 자유로워질 즈음 아버지는 섭생의 자유를 잃었다. 스스로 화장실을 드나들 수도 없게 되었다. 병원에서 할 수 있는 아버지의 활동은 생리적인 일과 외에는 거의 침묵으로 일관된다.

시간을 잃어버린 곳에서도 아버지의 일과는 평화롭다. 관성화된 외로움의 끝에서 필요와 욕구는 잠이 든 지 오래다. 흐릿해져 가는 눈과 깊은 동공에는 백 마디 말로도 대신할 수 없는 마음이 담겼다. "너거 엄마가 보고 싶다"는 소망을 이루기 위해 아버지는 날마다 조금씩 맑아진다. 말은 줄었지만, 하고 싶은 말만큼의 감정을 담은 아버지의 눈이 허공을 향할 때가 있다. 그 공허한 낯빛에 당신이 지향하는 곳, 닿고자 하는 곳의 정체가 보일 때마다 아버지를 볼 수 있는 날이 많지 않음을 예견한다. 늦은 후회를 한다.

　집은 주인의 욕망과 필요로 따뜻한 안식처가 될 수 있었다. 조상들을 위한 제의와 결혼 잔치가 이루어졌던 집, 명절을 맞이하고 일가친척을 반겼던 성스러운 시간을 아버지는 기억하고 계실까. 기억으로밖에 남길 수 없는 생을 일깨워 대문을 넘고, 이 침묵을 뚫고 들어오실 아버지를 상상한다. 아버지의 필요들이 부스스 먼지를 털고 일어나기를 소망한다. 굴곡은 많았으나 빛났던 아버지의 세월, 그 거룩한 생애를 사랑한다고 아버지의 이마에 입을 맞추며 철부지 딸로 돌아가 보지만, 이 막막한 침묵을 감당하기에는 아직도 하고 싶은 말이 많다. 뜨거워진 심장을 식히며 또 침묵할 수밖에 없다.

4

어쩌면 봄날일지도

직무유기의 변

전설의 시초

회복의 시간

그 시절 우리는

아버님의 의자

볼 빨간 당신

신경전

길들이기

구독자로서

내훈

어쩌면 봄날일지도

직무유기의 변

　　　　　도시의 여러 가지 볼거리 중에 가장 눈길을 끄는 것은, 색뚝색뚝 걸어가고 있는 여성들의 모습이다. 자신을 드러내는 데 한 치의 부족함도 없어 보인다. 당당하다. 유행을 선도하거나 따라가는 멋쟁이들이다. 그녀들은 도시에 활력을 주는 거리의 꽃이요 그대로 자연이다. 거리를 나설 때마다 어떤 멋쟁이들을 만날까 기대를 하게 된다. 자꾸 눈길이 간다. 그녀들에게 눈길이 가는 이유는 예뻐서라기보다 당당한 자신감에 있다. 간혹 그 자신감이 넘쳐 위태로워 보일 때도 있지만 홀연히 지나가는 멋을 눈에 담는다.

　동화 속 선녀에게는 날개옷이 있었다. 그 옷으로 인연을 맺었다. 나무꾼은 선녀의 날개옷을 가짐으로써 세상을 얻었다. 선녀가 아이들을 낳아 키울 때 날개옷은 현실이 될 수 없었다. 마음속에는 늘 찾고자 하는 욕망만 있었다. 어느 날 나무꾼이 날개옷을 내어놓았을 때 선녀의 욕망은 하늘을 향해 날아올랐다.

　옷이 날개라는 말은 맞는 말이다. 옷이 아니더라도 외모를 가꾸고 치장을 하는 것은 몸에 날개를 다는 일이다. 예쁜 것을 꿈꾸며 돋보이고 싶은 감정은 건강하다는 증거요 기본적인 욕망이다. 도시의 멋쟁이야말로 이 시대의 선녀가 아닐까.

다양한 직업군 속에 이미지컨설턴트라는 직종이 있다. 직업이나 모임의 성격 또는 면접 등에 어울리게 이미지를 만들어 주는 직업이다. 이들의 강의를 들어 보면 첫인상의 중요성을 강조한다. 첫인상을 위한 이미지를 컨설팅해 주는 것이다. 밋밋한 얼굴에는 안경을 끼거나 색깔 옷을 입고 장신구로 포인트를 만들라 한다. 단점은 보완하고 장점은 강조하는 치장으로 시선을 분산시켜 부족한 인물에 닿는 시선을 차단하라고 한다. 외모를 가꾸는 일이 세상을 밝게 해 준다 해도 이런 강의를 듣는 마음은 불편하다. 옷이나 장신구가 사람의 얼굴보다 더 돋보여서야 되겠는가.

사람이든 사물이든 예쁜 모습은 한눈에 들어온다. 화려하게 치장한 사람을 만나면 사람보다 장신구에 눈길이 간다. 돌아서도 사람의 얼굴보다 눈길을 끌었던 장신구가 더 오래 생각난다. 돋보이고 싶어 한 치장이지만 보는 사람 눈에는 사람이 들어오지 않는다. 장신구가 가진 한계라고 할까. 반면에 꾸밈없는 사람을 만나면 그 사람의 향기가 은은하고도 오래간다. 무소유의 삶에 깃든 담백한 멋처럼 절제미에서 사람의 향기를 본다. 이러한 궤변은 뭇 여성으로부터 항의를 들을 일이거나, 아직은 젊다는 오만이거나, 어여쁘지 못한 사람의 항변일 수도 있다.

나에게도 몇 가지 장신구가 있다. 취향에 맞게 선택한 것은 아니고 선물이라는 이름으로 하나둘 생긴 것들이다. 멋스럽게 꾸며 낼 만한 능력도 없거니와 푸석살에 항상 민낯인 몸씨에 어울리지 않아 햇볕 구경도 못 시켜 준 아이들이다. 누구의 말처럼 엘레강스하고 판타스틱할 정도는 아니어도, 돼지 목에 진주 목걸이를 건 것처럼 보이기 싫어서다. 치장의 본능이 있으면서도 과감하지 못한 데는 이유가 있었다.

세상을 향한 첫 만남의 인사 소리가 컸다고 한다. 그때부터 동네에서 소문난 못난이였단다. 부모님과 형제로부터 숱하게 들었으니 어지간히도 겸손하게 생겼던 모양이다. 그래서일까. 사춘기를 지나며 세상의 예쁜 것들은 나와 어울리지 않는다는 생각과 함께 생긴 대로 살아 보고자 했다. 마음을 바꾸자 모든 것은 새털처럼 가볍고 자유로워졌다. 지킬 것이 없을 때 삶은 가벼워진다.

지금도 그저 입고 신어야 하는 기본적인 것을 살 뿐 까다롭지 않게 물건을 고른다. 사랑스럽거나 예쁜 것보다 군더더기 없고 싸면서도 마음에 드는 것이 나에게는 최고의 상품이 된다. 가격 대비 상품의 효율과 실용성을 먼저 고려하니 멋이나 유행과는 거리가 멀고 꾸밈에도 서툴 수밖에 없다.

초등학교 입학식 날, 맨 뒤에 서서 또래들의 머리를 내려다보았다. 동성끼리 짝을 이루고 남녀 각각 한 명이 남았을 때, 짝이 없었던 키가 제일 큰 남학생과 키가 제일 큰 여학생은 서로의 짝이 되었다. 그 짝은 남자 운동화를 신은 내가 별나 보였는지 운동화를 꼬투리 잡아 놀려 대고는 했다.

어머니는 남동생 둘과 똑같은 운동화를 사서 나에게 신겼었다. 당시의 운동화는 얇은 천으로 만든 것이 대부분이었는데, 어머니가 사 온 신발은 고무 재질에다 기모 안감을 대 따뜻했다. 신발 바닥에 징이 박혀 무겁기는 했지만 튼튼하고 멋진 신발이었다. 신제품이었거나 오래 신기를 바란 것으로 생각된다. 남자 신발을 신었다는 놀림을 받으면서도 특별하게 생긴 최신 유행의 그 운동화가 좋았다.

이렇게 자라서인지 청소년 시기에는 남자 형제들의 점퍼를 툭 걸치거나 긴 방학에는 어머니의 몸뻬나 월남치마, 체육복 등을 일상복으로 입기도 했다. 직장 생활을 할 때는 사원복을 입고 출퇴근을 했기에 개성을 드러낼 기회도 없었다. 뭘 입든 잘 어울린다 생각했던 건 나만의 착각이었는지 모르겠다. 이렇게 퍼벌했던 생활이 패션에 대한 개념을 단일화시켰던 것 같다. 치장에 적극적이지 않은 것은 어릴 때의 습관이 이어진 결과일 수 있다.

 옷이란 형편과 때와 장소에 따라 깔끔하게 입으면 된다. 이런 가치관은 옷차림이나 외양에 관심 있는 사람들을 안타깝게 할 때가 있다. 이들의 눈에 무감각으로 비칠 때는 국민복이라도 정해 주면 좋겠다는 우스운 생각을 하게 된다. 백의의 민족답게 검정 치마에 흰 저고리 고름을 사뿐히 날려 보는 것도 괜찮을 것 같다. 단순한 형태와 색이 주는 나름의 아름다움도 있지 않은가.

 아주 오래전, 유년의 기억 속에서 욕망의 실체를 만난다. 예쁜 것을 갖고 싶은 욕망은 늘 안에서 꿈틀댈 뿐 채워지지 않았다. 빈 가슴을 안고 성인이 되었다. 눈앞의 화려한 꽃들이 바람에 나부끼고 춤을 출 때도 나의 이십 대는 고요한 나무와 같았다. 나무들 사이에 이는 바람에도 한 치의 흔들림이 없는 나무였다. 청춘과 젊음은 겨울날 양지 앞의 바람처럼 고요히 지나갔다.

 옷 외에 무언가 걸치는 것을 그다지 좋아하지 않는다. 반지를 끼는 일조차 거추장스러웠기에 결혼 예물은 긴 시간 동안 어두운 장롱 속에 있어야 했다. 예물은 금 모으기 운동에 동참하는 주인에 의해 잠시나마 빛을 보고는 자취를 감추었다. 목걸이나 반지는 내게 어울리지 않는 소품이었다. 촌스러움의 다른 표현인 '수수하다'는 말은 나를 가리키는 수식이었다.

결혼을 할 때 제시한 유일한 약속이 있었다. 어이없게도 여자답기를 강요하지 말라 했으니, 이 여자다움이란 화장과 치장을 뜻했다. 스스로 발등을 찍은 대가는 컸고 통증은 시렸다. 외모가 부족하면 말을 장식하는 애교라도 있어야 하는데 그것마저도 없었다. 장식을 달아야 하는 것이 여자의 직분이라면 나는 직무유기를 한 것일까. 어미로 아내로 며느리로서 도리를 다하며 살았지만, 장식을 달지 못했기에 잃은 것이 많다.

자신의 외양을 가꾸는 것은 기본적인 본능이다. 알면서도 여전히 자신이 없다. 표현하지 못하는 빈약한 나의 욕망이 걱정되지만, 이 마음도 접어 두려 한다. 나이가 들면 자연스럽게 치장으로 젊음을 유지하려 한다니 기다려 보면 알 일이다. 흰머리가 눈에 보이지 않을 정도로 화려하게 변신할 수 있다는 것을 지금으로서는 알 수 없지 않은가. 가장 늦게 자라 새로운 힘으로 작용 될, 노익장의 당당함이라도 내 안 어딘가에 있었으면 좋겠다.

여성의 매력을 발산하지 못하는 나는 여자로서 직무유기의 죄를 범하고 있는지도 모른다. 그렇다고 선녀들의 날개옷이 부럽거나 탐할 생각은 없다. 날개옷이 없어도 도리를 다하며 살았던 동화 속 선녀의 소박한 삶이 더 진솔해 보인다면 이유가 될까. 못난이로 태어나 세상의 주역은커녕 울타리 안의 중심도 되지 못했다. 그래도 생이 끝나는 날, 미소 하나는 당당하게 남겨 둠으로써 직무유기의 죄에서 벗어날까 한다.

  다시 거리로 나선다. 지하철 승강장이나 차를 타고 가는 동안에도 거울을 들고 있는 선녀들을 만난다. 불안해 보이면서도 용감한 그녀들이 나로서는 이해가 되지 않는다. 다만 치장이 끝나는 순간 그녀들의 자신에 찬 눈빛을 볼 때 그 위력을 발견하고는 한다. 나 같은 사람이 있기에 더 예쁜 그녀들이다. 자신을 가꾸는 데는 인색하면서도 화려하고 예쁜 것에 눈길이 가는 이율배반을 어이하나.

전설의 시초

사람이 머물지 않는 집.

먼지가 쌓이고 집기들은 빛을 잃어 가고 있었다. 이즈음 요양병원의 아버지는 실내의 화분들과 닭의 안위를 걱정하셨다. 자주 들러 물을 주고 모이를 주었지만, 닭은 주검으로 발견되었다. 화분의 화초들도 시위어 갔다. 환기가 안 되고 일조량이 적은 탓이었다. 몸의 크기를 줄이고 있다는 측면에서 아버지와 같은 길을 가고 있었다.

화분을 정리했다. 버려야 할 것들은 버리고 잎사귀가 몇 개라도 남아 있는 화분들은 우리 집으로 가져와 분갈이를 했다. 그중에 제라늄은 앙상한 골격에 잎사귀가 두 개만 남아 앞날을 예측할 수 없는 상황이었다. 이십여 년 가까운 시간 동안 창가의 제자리에서 몸을 키우고 붉은 꽃을 피워 냈던 화분이었다. 몸이 불편한 아버지를 움직이게 하고 외로움을 달래 주었으니, 나의 보살핌 속에서 무성했던 옛 영광을 되찾기를 바랐다. 제라늄이 건강하게 살아난다면 아버지도 기적처럼 일어나 집으로 돌아오실 것만 같았다. 정성을 들였다.

제라늄은 선홍색의 꽃을 피웠다. 볕이 잘 드는 창가에서 몸을 살찌우고 잎을 늘려 갔다. 피고 지기를 반복하던 두 해째 겨울, 뜻밖의 한파는 우리 집 빨래터 타일을 동파시켰다. 한밤에 기습을 감행한 동장군은 애지중지한 화초들을 얼리고 말았다. 베란다의 창문을 닫지 않고 밤을 보낸 나의 실수였다. 밤중에 낮은 폭파 소리를 듣고도 잠의 무게를 떨칠 수 없어서 아침이 되어서야 타일의 균열을 확인했다. 열린 창은 평소에도 그 정도는 열어 두었으나 냉해는 처음이었다. 신년 벽두부터 아버지가 오랜 시간 공들여 가꾼 제라늄을 잃자 불안한 예감이 찾아들었다.

올 한 해만이라도 무사히 지나갈 수 있기를 바랐다. 그러나 봄꽃들이 기지개를 켜기 시작할 즈음, 나의 염원은 이른 아침의 진동음과 함께 사라졌다. 고향으로 돌아온 아버지를 맞이하고 아버지께 드리는 마지막 의례가 모두 끝나자 세상의 꽃들이 조심스레 피어나기 시작했다.

한파에도 살아남은 화분들은 물을 달라는 아우성을 했다. 제라늄이 있던 화분은 한쪽으로 밀쳐져 있었다. 냉해로 주저앉아 낙엽처럼 바싹 마른 쓰레기가 되었는데도 차마 치울 수 없어 밀어 놓았었다. 다른 화분들처럼 물을 준 건 뿌리라도 살아 있기를 바라는 기대였고, 버리지 못한 것은 미련이었다.

처음 싹이 머리를 내밀었을 때는 풀이 나나 했다. 혹시나 하는 마음으로 물 주기를 멈추지 못했다. 제라늄이라는 확신이 섰을 때는 놀라 소름이 돋았다. 나로서는 아버지의 환생과도 같았다. 싹이 나기 시작하면서 제라늄은 잎이 무성하게 화분을 채웠다.

 아버지는 시민자치대학에서 강의를 듣거나 전시회를 관람하고 연주회장 나들이를 하기도 했다. 시류를 타고 시대에 맞는 가치관의 변화를 보이기도 했지만 자식에 대한 신념만은 전근대적이셨다. 출가외인에게는 의지하지도 않은 만큼 남기고 싶은 말씀도 그 무엇도 없으셨다. 그랬던 아버지의 뜻과 달리 아버지의 제라늄은 내게로 와 유품이 되었다. 아버지의 뜻을 너무나도 잘 알기에 제라늄을 셋으로 나누어 아버지의 세 아들에게 보내야 마음이 편할 것 같은 잔망스러운 생각을 한다. 예쁜 꽃이라도 핀다면 이런 마음이 사라질까. 우리 집에 새로운 전설이 시작되었다.

회복의 시간

　　주방의 수납장 귀퉁이에 놓인 작은 상자 안, 자질구레한 잡동사니가 어지럽게 엉켜 있다. 포장의 보조재로 쓰이는 빵 끈과 고무줄 등이다. 어쩌다 한 번쯤 쓰이는 것들이라 버려도 아까울 것이 없지만 재활용을 위해 모아 둔다. 여러모로 활용도가 높다. 종류별로 분류를 하고 정리를 해도 늘 이 모양새다. 어쩌다 도시락을 싸거나 먹다 남은 과자를 보관할 때, 쓰레기 종량제 봉투를 묶을 때도 이만한 것이 없다. 종량제 봉투의 짧은 손잡이에 고무줄을 연결해서 묶으면 도로 나올 것 같았던 쓰레기도 얌전히 자리를 잡는다. 노란 고무줄은 그 쓰임으로 보아 상자 안 잡동사니 중에서 가장 인기가 있는 셈이다.

　황기를 묶은 줄을 벗기기 위해 무던히 애를 쓴 적이 있다. 길이 30㎝에 지름 7㎜ 정도의 황기는 서로 밀착한 채로 한 뿌리처럼 단단하게 고정되어 있었다. 줄은 단단하고도 팽팽했다. 매듭도 없이 감겨 있는 이 투명한 줄의 정체를 확인하고 싶었다. 겨우 실마리를 잡고 벗겨 낼 때도, 그 가는 줄은 위태위태하면서도 끊어지지 않았다. 탄력으로 보아 고무줄 같았으나 워

낚 가늘어 낚싯줄 같기도 했다. 가위로 자르면 쉬웠을 것을 호기심을 누르지 못해 어렵게 풀어냈다.

줄을 풀어 놓고 보니 낚싯줄이 아니라 고무줄이었다. 본래의 색깔마저 잃어버린 절체절명의 상태에서도 끊어지지 않은 반전의 놀라움이 있었다. 가늘게 늘어져 흐느적거릴 뿐 끊어지지 않은 탄성이 새삼스러웠다. 풀려난 고무줄은 다시 서랍으로 들어갔다. 며칠 뒤, 서랍을 열어 보니 고무줄의 색깔과 탱탱한 볼륨이 원래대로 돌아와 있었다. 흔한 노란 고무줄이었다. 먼 길을 돌아와 쉬고 있는 사람처럼 평온해 보였다. 늘어났다가도 본래의 상태로 회복이 되는 것은 고무줄의 당연한 기능인데도, 회복탄력성을 말할 때 고무줄의 이 원리를 인용하는 진부함에 고개가 끄덕여졌다.

먼 길을 돌아온 사람들의 이야기를 접할 때가 있다. 희비가 교차하는 일대기나 해피 엔딩으로 마무리되는 서사는 인생의 고진감래를 품고 있다. 이야기 속 주인공들의 말을 들어 보면, 지금이 좋기는 해도 돌이켜 보면 진짜 행복은 힘들었던 지난 시절에 있었노라고 회상하는 경우가 많다. 과거도 그 당시에는 현재였기에 힘들고 어려웠을 터인데 말이다. 행복을 정의할 수는 없지만, 과거형의 행복은 열심히 살아온 날에 대한 방증이거나 지난날에 대한 향수일 수도 있겠다.

과거는 힘들고 고통스러운 순간을 이겨 낼 만한 사랑과 행복을 완숙시킨 시간이었다. 그 결과로 지나간 시간을 돌아보는 마음이 넓어진다. 행복을 더디게 느끼는 이유는 주어진 사명을 다하느라, 가진 것을 지키기 위해 안간힘을 쓰느라 내 안의 감정을 미처 들여다보지 못했기 때문이다. 먼 길을 걸어와서 다시 돌아보니, 저 시작인지 끝인지 알 수 없는 어느 한 지점이 유난히 빛나고 있더라는 말이다. 그 지점은 가장 열심히 치열하게 살았던 시간이었다. 그래서 우리는 지금, 여기 내가 위치한 현재가 가장 행복한 시간이라고 말할 수 있다.

 가끔 지하철을 타면 무표정하게 앉아 있는 여러 얼굴들을 마주하게 된다. 대부분 홀로 앉아 친목회에서는 볼 수 없는 표정을 짓고 있다. 저마다 가슴속의 근심거리를 생각하고 있는 듯하다. 표정으로 모든 걸 감지할 수는 없으나 평범한 사람들의 얼굴은 우리 모두의 모습이기도 하다. 사회의 일면을 보는 것 같아 쓸쓸할 때도 있다. 그러함에도 이 시각은 살아 있는 최고의 날이다. 고무줄이 늘어남으로써 해야 할 일을 해냈듯이, 사람답게 살기 위해 애쓰는 현재는 최고의 날일 수밖에 없다.

 혼자일 때는 무표정이 되기 쉬우니 표정만으로 감정을 추측하는 것은 자칫 섣부른 판단이 되기도 한다. 잘 웃는 사람이 무조건 행복한 사람이라고 단정 짓지 않는 것과 같다. 어쩌다 눈이 마주치는 사람에게 나도 모르게 미소를 보일 때도 있고, 뜬금없는 웃음이 나와 당혹스러웠던 경험은 누구에게나 있다. 단지 웃을 뿐 행복한 웃음은 아니다. 상대가 웃기에 함께 웃고 그저 우스워서 웃는다. 반면에 우울한 얼굴을 한 사람을 마주하게 되면 내 모습의 반영 같아 애써 밝은 표정을 짓게 된다. 자세를 고치거나 얼굴의 근육을 움직이며 표정을 만들어 보기도 한다. 최고의 날을 위해 척을 해 보는 것인데, 효과가 있었으면 좋겠다. 이렇게 우리는 서로 얼굴을 비추며 산다.

혼자일 때는 표정에 신경을 쓰지 않는다. 가장 편한 얼굴로 아무렇게나 널브러져 있어도 된다. 여유롭게 자신에게 집중할 수 있고, 다른 사람이 내 시간을 빼앗지 않으니 혼자의 시간은 좋을 수밖에 없다. 더 나은 가치를 찾기 위해 스스로 동굴을 만들고 침잠하며 삶의 방향과 힘을 모으는 시간이 되기도 한다. 더 높이 날아오르기 위해 도움닫기를 하는 과정일 수도 있다. 멈추어 서서 숨을 고르고 마음에 햇살을 비춰 보는 이런 시기를 지나고 나면 한결 여유 있게 타인을 대하게 된다. 자칫 우울해 보일 수도 있는 이 회복의 과정은 사람의 인식적 탄생을 돕는 시간이 된다. 잃었던 마음이 제자리로 돌아오는 이런 시간을 통해 성장하고 진정한 자기를 만든다.

늘어났던 고무줄이 회복의 시간을 거치며 원상태로 돌아오듯이 반복되는 일상 속 인간의 감정도 시시각각으로 수축과 이완을 되풀이한다. 어제의 나와 오늘의 내가 다르고, 웃고 찡그리거나 화내고 슬퍼하는 표정도 순간순간 생겨나고 지나간다. 정해진 내 모습이란 없는 것 같으니 일면만 보고 단정할 일이 아니다. 나의 웃음은 주변 웃음의 반영이고, 나의 침울도 내 앞의 침울이 반영된 결과다. 그러니 내가 웃을 수 있도록 나를 보며 웃어 주는 사람이 가장 귀한 사람이다. 편하게 웃을 수 있는 힘도 감정의 회복이라는 깊은 자기수용의 결과로 오는 것 같다.

  일찍 연 새벽 시간, 싱크대 수납장으로 귀를 기울여본다. 고무줄들이 부스럭대며 일어서는 것 같다. 회복의 시간이 지났으니, 모여서 누워 있기보다 혼자 또 뭔가를 치열하게 하고 싶은가 보다.

그 시절 우리는

야밤에 홀로 사랑방 나들이를 한다. 오래전의 친구들을 만나기 위해 찾은 사랑방은 따뜻하다. 바닥에 등을 대고 누워 추억이 아닌 현재와 만난다. 이름이나 얼굴이 달라진 것도 아닌데, 친구들은 이제 추억 속의 그 친구가 아니다. 막연하게 떠올려 보던 얼굴들은 가을날의 과실나무처럼 당당하면서도 기품이 있다. 잘 살아왔다는 징표는 'ㅇㅇ중학교 동기회'라는 기호가 되어 가상도 현실도 아닌 소셜미디어 세계의 사랑방이 되었다. 사랑방에는 70년대 후반, 그 시절의 우리와 우리만 아는 언어가 있다. 친구들의 이름이 하나둘 올려질 때마다 저 어른의 어린 시절을 내가 안다는 이유로 그냥 미소가 번진다. 그리고 하나하나 생각나는 일화들이 있다.

머릿속에서 편집 과정을 거치게 되는 기억이란 장치는 감정에 따라 약간의 기복이 있다. 맑은 날과 비 오는 날이 다르고, 코스모스가 피는 가을날에는 향기로우면서 달콤한 추억을 떠올려 주기도 한다. 여선생님의 자취방에서 진달래 화전을 만들어 먹은 일, 그 일을 벌이느라 선생님의 부엌을 하얗게 어질러 놓았던 일은 화사한 봄날의 기억이다. 겨울날에는 골방에 앉아

'물고매'*나 '빼떼기'*를 먹으며 노닥거리던 따뜻한 이야기도 있다.

  학교 앞으로 펼쳐진 들에서는 계절마다 곡식이 자라 열매를 맺었다. 농번기가 되면 학교 주변 농가의 농사일을 도우느라 수업 시간을 내놓았고, 3일 동안의 가정실습 시간이 주어지기도 했다. 학교에 가지 않아도 되는 즐거움보다 일을 해야 하는 부담이 더 큰 휴교였다. 농부의 자식인 우리는 밥값을 제대로 하는 충실한 일꾼이었다. 그것이 싫어 얼굴을 붉혔고 불만이 쌓였으나, 그 귀한 시간을 이해하는 데는 그리 오랜 시간이 걸리지 않았다.

  황금빛 보리밭과 가을 들녘의 풍경은 따뜻한 기억으로 남았다. 추억이라는 것은 현실과 멀어져 있기에 되새겨 꺼내 보는 것인지도 모른다. 촌스럽고 풋풋한 것으로의 끌림은 말 그대로 우리가 촌사람들이라는 데 있다. 농부의 자식으로 태어났기에 당신들의 터전을 놀이터 삼아 놀이처럼 일했고, 일하고 배우며 세상의 이치를 배웠다. 부모님의 농사일을 돕는 것은 당연한 일이었다.

  가을에 파종한 보리는 차가운 땅에서도 푸르게 제 몸을 키운다. 언 땅에 뿌리를 내려야 하는 고통으로도 모자라 꼭꼭 밟아 주어야 튼실하게 자라 알곡을 맺는다. 이런 이유로 겨울이 되면 우리는 보리밭으로 갔다. 전교생이 까마귀 떼처럼 달려들어 어린 보리싹을 밟는 진풍경을 연출했다. 보리의 성장을 위해 학생의 권리를 희생했지만, 학부모도 학생도 이의를 제기하지 않았다. 자근자근 밟히면서 강건해지는 보리처럼 우리는 그렇게 자랐다.

그 일 같지도 않은 일을 했던 기억은 설 무렵이나 학교 근처를 지날 때마다 불쑥불쑥 떠오른다. 특별하지도 않고 그저 평범했던 그 일이 생각나는 것은 친구들과 손잡고 조잘댔던 그 시절 우리들의 화두에 대한 궁금증이요, 유유자적 보리밭을 밟으며 즐거웠던 이유에 대한 향수이다. 그 시절 우리는 무슨 이야기로 그리 즐거웠을까!

이제 보리는 학습용 식물로 화분에서 키워지고 있다. 밟아주지 않아 멀대처럼 키만 키우며 자란다. 보리밭이 사라진 자리에는 산업화의 건물들이 세워지고, 남아 있는 보리밭은 지역의 관광지로 특화되고 있다. 관광 상품으로서의 보리밭을 보기 위해 사람들은 길을 떠난다. 관광지가 된 보리밭 사진이나 영상을 볼 때면, 오래전에 풍년을 기원하며 걸었던 그 보리밭을 다시 걸어 보고 싶어진다. 나이가 들어가면서도 마음만은 젊은 청춘들과 손잡고 그 푸른 보리밭 길을 걸어 보고 싶다.

오랜만에 다시 사랑방을 찾았다. 켜켜이 쌓인 정보와 자잘한 우스갯소리가 활자로 남아 있어 혼자서도 웃는다. 중년의 피곤과 함께 잠들었을 친구들의 단잠을 방해하고 싶지 않아 댓글도 아끼고 눈으로만 살펴보다 살며시 문을 닫는다. 보리밥 한 그릇 먹고 이십 리 길을 걸어 다니느라 춥고 배고팠다는, 내 어린 날의 친구들에게 새삼 경의를 보낸다.

* 물고매: 물컹하게 삶은 고구마의 거제 방언.
* 빼떼기: 생고구마를 얇게 썰어 말린 간식으로 가루로 빻아 떡이나 죽을 만들어 먹기도 한다. 거제 방언.

아버님의 의자

외로우셨을까. 아버님(박봉진, 1923.11.19.~2008.5.24.)은 때때로 삽짝 밖 담장 아래의 하얀 점으로 계실 때가 있었다. 주말에 가겠다는 약속이 있었던 토요일이 되면 남새밭 가에 낡은 의자를 놓고 앉아 우리를 기다리셨다. 남새밭과 담장 사이에 난 좁은 흙길은 자갈이 깔려 의자를 반듯하게 놓기에는 불안정한 지면이었다. 좁으면서도 면이 고르지 못한 밭둑 위에 의자를 놓은 것은 외로운 마음의 표현이셨다.

지나다니는 사람을 만나고 짧은 이야기를 나누며 시간을 달래셨을까. 아니면 언젠가 찾아올 자식들을 기다리는 길고 긴 기다림의 자리였을까. 찌고 말리기를 반복한 명아주 지팡이처럼 꼿꼿하게 앉아 검은 머리의 자식들을 기다리셨는지도 모른다. 집 안이 아닌 어귀에 의자를 놓은 것은 누군가를 만나고 싶은 간절한 마음일 수도 있다. 자식이 아니더라도 동네 사람 누군가는 무료한 아버님 앞을 지나다니며 아침은 드셨는지, 농사는 잘되었는지 등의 덕담을 주고받았을 것이다. 기다림의 시간이 길어질수록 의자는 제 기능을 발휘했다.

서울의 둘째 아들네에 다니러 가셨던 시어머님이 집으로 오시던 날, 우리 가족은 시외버스터미널에서 어머님을 마중해 시댁으로 갔다. 아들의 차가 보이자 아버님은 의자에서 일어나 앉기를 반복하며 조바심을 내고 계셨다. 그날 나는, 두 분의 깊은 마음을 보았다. 눈과 입은 손녀들을 향해 있었지만 상기된 얼굴빛으로 두 달 만의 해후를 가슴 벅차게 기뻐하셨다. 가시광선을 거둔 해가 해거름을 내리는 시간이었다. 은은한 빛이 우리를 감쌀 때, 낡은 의자도 기우뚱하게 서서 우리를 보고 있었다.

어느 날부터 아버님은 의자를 집으로 들이지 않으셨다. 의자는 늘 그 자리에서 비바람과 뙤약볕에도 흔들림 없이 곧았다. 시간은 안장의 가죽을 벗기고 녹을 만들었다. 오래된 풍상으로 낡아진 의자는 노쇠한 아버님처럼 서로 닮아 가고 있었다. 그다지 분위기 있는 의자가 아니었는데도, 시댁을 드나들 때마다 낡은 그 의자에 눈이 닿았다. 의자는 사립문 가에 핀 맨드라미, 채송화 등과 조화를 이루며 노천에서 아버님을 모셨다.

의자는 누구나 가질 수 있지만 때로는 신분을 나타내는 기제가 되기도 한다. 의자에도 권위와 서열이 있다. 봉황이 그려진 의자는 특수한 신분을 나타내고 회전의자는 부의 상징과도 같다. 의자가 놓인 자리가 곧 신분이 되기도 한다. 풍경이 좋은 산책길에 놓인 의자는 그대로 하나의 정물이 되고, 역할을 다

해 폐기물 처리장에 놓인 의자는 사람을 원하는지도 모르겠다. 또 다른 신분의 상승을 꿈꿀 수도 있다.

  가장의 의자는 등받이가 높고 안락했다. 권위가 느껴지는 검은 가죽에 안장이 넓고 푹신했다. 가장은 다리를 꼬아 책상에 올리고 몸을 반으로 꺾었다. 엉덩이를 푹신한 의자에 들이밀고 앉은 그의 휴일은 흰 돌과 검은 돌들의 전쟁터였다. 그것은 가장에게 무소불위의 권위로 작용해 주말이면 더욱 빛을 발했다. 근접하지 못할 아우라를 내뿜으며 끼니도 잊은 채 몰입을 즐겼다. 식어 가는 밥에 지청구가 따랐고 과제물을 해야 하는 아이들과는 컴퓨터 쟁탈전이 잦았다. 편했던 의자가 문제였을까.

  아이는 창가에 안락의자를 두고 싶어 했다. 의자에 깊숙이 몸을 반쯤 누이고 바람결처럼 부드럽게 흔들리는 일광욕을 꿈꿨다. 그야말로 의자 하나로 우아하게 신분을 높이고자 했다. 아이의 꿈은 현실의 벽 앞에서 포기로 바뀌었다. 안락이라는 의자의 계급이 쉬운 포기를 도왔다. 딸은 언제쯤이면 안락의자의 계급에 맞는 품위를 가질 수 있을까.

  나만의 의자를 갖고 싶었다. 서재라는 공간에 널찍한 책상과 의자가 세트로 놓이는 자리를 원했지만, 나의 자리는 오랜 시간 동안 식탁에 머물렀다. 그 자리에서 책을 읽고 글을 쓰며 밥도 먹는다. 신분이 없는 전천후 의자다. 낡아서 색이 바랜 등받이와 탄력을 잃은 안장에도 불구하고 엉덩이는 편안하다는 만족감을 뇌로 발신한다. 몸이 이 식탁 의자와 일체가 될 때, 포식자로서 또는 글을 쓰는 사람으로서 즐겁고 행복하다. 나를 만나는 진정한 시간이다.

문득문득 아버님의 의자가 생각나는 날이 있다. 시댁에서 유일한 의자였다. 좌식 생활은 입식 의자를 놓을 만한 자리를 허용하지 않았다. 어딘가에 버려진 의자를 들여와 마당에 놓았던 것은, 쇠잔해지는 몸을 받쳐 줄 도구가 필요해서였는지도 모른다. 새 의자였다면 마당에 두지는 않았을 것이다. 1남 7녀의 외동아들이자 5남 2녀의 아버지셨던, 아버님의 일생에는 의자가 없었다. 아버님의 품위에 걸맞은 새 의자 하나를 온전히 들이지 못했던 불효가 낡은 의자의 잔상과 함께 남았다.

아버님의 애착 장소이자 휴게 공간은 그대로 있는데 의자는 사라진 지 오래다. 필요가 채워지면 내버려지는 것이 사물들의 운명이라지만, 옛 시댁 근처를 지나갈 때마다 이제는 그 자리에 있지도 않은 의자를 그린다. 백발의 아버님을 그린다. 물리적으로 만날 수 없는 곳에 계셔도 당신의 혼백은 아직도 그 자리에 남아 있을 것만 같다. 이제는 가 볼 수 없는 그 집에서 아버님의 의자를 보관할 리 없지만, 내 마음 안에서는 늘 그 자리에 그렇게 있다.

볼 빨간 당신

 긴 머리와 짧은 치마가 발랄하고 예쁘다. 무리 지어 재잘거리는 모양새가 방앗간에 모여 앉은 참새 떼 같다. 여리고 앙증맞은 아기 같은데, 어린이 시절은 이미 지났다는 듯 행동이 당당하다. 자아를 찾아가는 이팔청춘의 소녀들이다. 이들이 내뿜는 연분홍빛 홍조가 상큼하고도 눈이 부시다.

 오후만 되면 얼굴이 붉어지던 때가 있었다. 두 볼이 뜨겁게 달아올라 빨개진 얼굴이 민망했다. 원인을 알 수 없는 나로서는 차가운 손을 도구로 열기를 가라앉힐 뿐이었다. 수업 시간에도 양 손바닥으로 볼을 감싸고 얼굴을 식히는 데 집중하는 일이 잦았다. 성장이 끝났기에 스스로 다 자랐다고 믿었다. 내 생각만이 옳았던 어설픈 날들이었다.

 칭찬을 듣거나 부끄러움 혹은 무안을 당할 때, 남이 겪는 황당한 상황에서도 볼이 달아올랐다. 길을 걷다가 낭패를 당하는 사람 곁을 지나갈 때면 그 사람의 수치심이 내 것처럼 느껴져 얼굴이 붉어졌다. 이뿐이 아니다. 스스로 자랑하거나 나로서는 할 수 없는 거친 말을 당당히 하는 사람을 볼 때도 부끄러움은 내 몫이 되었다. 타인의 감정에 쉽게 이입되는 허약한 신경이 난감했다. 성장의 반응이었을까.

스무 살 시절에는 버스 차창에 비친 내 모습에 의아했던 적이 있다. 꿈꾸었던 도시행을 포기하고 부모님 슬하에서 직장을 다니던 마음 안에는 막연한 불안 같은 것이 있었다. 이런 심정과 달리 창에 비친 얼굴은 발그레하니 화사하고 좋았다. 수시로 얼굴이 달아오르는 시기를 겪으며, 화장하지 않고도 환하게 빛났던 그 얼굴을 자주 떠올리게 된다. 연분홍빛 홍조가 피던 그런 날이 내게도 있었다.

어렸을 때와 다른 점이 있다면 이유도 없이 달아오른 열이 느닷없는 서늘함으로 변해 버리는 것이다. 옷을 껴입었다 벗기를 반복하며 하루를 보낸다. 이제는 부끄러워서 붉어지는 것이 아니라, 때와 장소를 가리지 않고 붉어져 난감하고 민망하다. 내 몸이 가을의 낙엽처럼 메말라 가는 것을 느낀다. 검붉어진 얼굴빛이 초췌함을 더한다. 몸이 수분을 달라고 아우성친다.

얼굴에서 빛을 잃었던 시기도 있었다. 보통의 주부들이 그렇듯이 나를 잃고 산 시간이었다. 궁색해진 자아에서 벗어나고 싶어서 쓸데없이 당당했던 때도 있었다. 목소리는 높이지 않았으나 살아 내기 위한 자만이 있었음을 인정한다. 그때 내 얼굴은 기미와 잡티로 얼룩지고 그 아래로 혈색 없이 누런 피부가 펼쳐져 있었다. 피부를 가꾸는 일에도 관심이 없었다. 자연주

의자인 양 아집을 부렸던 시간이 아쉽고 부끄러워 더 붉어지는 것 같다.

지고 있는 해가 서녘을 물들였다. 남은 빛을 다 내주고 가려는 듯 붉게 비추는 해를 볼 때마다 삶의 여정을 떠올리게 된다. 새빨간 몸으로 태어나 고비마다 열정을 발휘한 당신들의 삶이 세상을 품는 사랑이었음을 발견한다. 얼굴이 발그레 익어 가는 것은 내 안의 사랑을 아낌없이 남기라는 뜻이지 싶다. 사춘기든 갱년기든 얼굴의 홍조는 생의 열정과 감정을 보여 주기 위한 신체의 반응이자 사랑의 온도가 되겠다. 사춘기의 홍조가 사랑의 시작이었다면 갱년기의 홍조는 사랑을 완성하라는 신호일 수도 있다. 꽃에 물을 주듯이 나의 몸과 마음에도 따뜻한 물을 주어야겠다. 새 꽃을 피워야겠다.

추적추적 비가 내린 지 며칠째 되던 여름날. 갑자기 창밖이 환해진 적이 있었다. 발그레하면서도 온화한 빛이 창밖 세상을 감싸는 오묘한 순간이었다. 이런 색조의 풍경이 언제 또 펼쳐질까 싶어 아득히 바라보았다. 그날 저녁, 모임의 회원들이 공유하는 온라인 서비스 공간으로 풍경 사진이 올랐다. 건넛마을에서 찍은 이 사진에는 내가 사는 아파트 단지 위로 쌍무지개가 피어 있었다. 창밖이 환해졌던 오후의 그 시각에 뜬 무지개였다. 바로 옆에서 빛났던 무지개는 보지 못하고 그것이 발하는 빛에 압도당한 것이었다. 그 빛은 은은하고도 따뜻하게 세상을 감쌌다. 내가 완성해야 할 삶의 온도로 남았다.

  오십 대의 시간은 해가 석양을 향해 기울기를 시작하는 출발점의 시간이다. 새로운 삶의 길에 들어선 나와 당신들의 볼이 다시 물드는 이유다. 홍조는 몸에 수분이 부족하거나 온도나 감정이 변할 때 혈관이 확장되어 나타나는 생리학적 현상이다. 몸이 메말라 간다는 신호다. 그러함에도 새로운 시작을 알리는 신호로 믿고 싶다. 붉은빛은 생명의 빛이지 않은가. 무엇이 사실이고 무엇이 은유인지 증명하지 않아도 된다. 홍조, 그 발그레하고 은밀한 은유 사이를 오가며 볼이 빨간 당신들의 가을 오후가 저문다.

신경전

　　신경전이 시작되었다. 바이러스라는 복병이 나타났으니 공기와의 신경전이다. 외출을 삼간 거리는 불안과 불신의 장막을 내렸다. 언제쯤이면 투명하면서도 무거운 이 막이 걷힐까. 조준할 수 있어서 한 방에 사라지는 것이라면 차라리 좋겠다. 화려하고 즐거운 것을 취하느라 식별 능력을 잃어버린 대가는 컸다. 너무나 많은 생명을 잃었고 비대면의 시간은 길어지고 있다.

　무한으로 공급되었기에 부족하지 않았다. 의심도 없이 주어진 대로 누렸다. 물속을 유영하는 물고기처럼 맘껏 활개 치며 거침없이 살았다. 젖줄이라는 것도 잊은 채 이 신선함이 영원할 줄 알았다. 앞만 보며 열심히 살아왔는데 이게 대체 무슨 일인가 어리둥절하다. 젖줄을 파고든 불청객에 고개 숙인 채, 자가 격리와 유배의 시간을 건넌다. 너와 나 사이에 간격을 둠으로써 격리를 자처하고 공손하게 손을 씻는다. 속도를 늦추고 뒤도 돌아본다.

　언제 이렇게 겸손한 적이 있었냐는 자성과 반성으로 개인은 입을 감추고 거리는 조용해졌다. 신조어와 바이러스 차단법이 생산되고, 텔레비전은 거짓 정보에 속지 말라며 병과 약을 동시에 준다. 발원지를 모르는 가짜 정보와 쏟아지는 뉴스로 인해 충혈된 눈과 눈이 불신의 눈빛을 주고받는다. 감시자가 되었다.

흙먼지를 날리며 달려가던 작은 차, 코로나 택시였다. 아무나 택시를 쉽게 탈 수 없었던 시절이었으니, 손님을 왕으로 모시겠다는 뜻이라도 담았을까. 텔레비전이 처음 보급되었을 때도 드라마보다 더 재미있었던 것은 짧게 지나가는 광고 영상이었다. 컵 속에 담긴 우유에 한 방울의 우유가 떨어져 왕관 모양으로 거품을 일으키던 장면이었다. 이 왕관 모양도 코로나로 불린다. 실제 왕이나 지도자들이 쓰던 화관의 이름도 통치권 또는 권력을 상징하는 '코로나'였다.

코로나바이러스. 중국의 우한에서 발생했다지만 진위가 명확하지 않다. 어디서 발생해 전 세계를 돌아다니든 상관없이 인간을 숙주로 삼는 것이 두려울 뿐이다. 텔레비전 화면을 통해 본 코로나바이러스는 원만한 둥근형에 원색의 옷을 입었다. 화려한 것을 취하고자 하는 인간의 눈을 조롱이라도 하는 양, 보란 듯이 눈길을 끈다. 태양의 표면에서 일어나는 대기열의 모양을 닮아 코로나로 명명됐다고 한다. 바이러스에 어울리지 않는 과한 이름 덕으로 역대 바이러스들보다 상당히 높은 위력을 보인다. 기존의 가치를 흔드는 팬데믹의 코로나 시대가 되었다고, 문자와 언어 속에서도 왕성히 활동 중이다.

  비대면의 시간에도 닫아 버린 입과 입 사이, 문과 문 사이로 형체도 없는 것이 넘나드는 만큼 사람들의 아우성은 커진다. 바이러스는 살기 위해 사람을 찾고, 사람은 사람을 보지 못해 애가 탄다. 애타는 사람들의 하소연에도 제 손톱 밑이 걱정돼 모른 채 외면할 수밖에 없다. 일상을 격리하고 사람과 사람 사이의 거리를 두라는 요구는 빠른 속도로 생활과 가치체계를 바꾸어 놓았다.

  매체들은 여러 가지 추측과 억측을 보여 준다. 정치적으로 쟁점화되고 역병의 시대라는 말까지 가세하다 보니 코로나에 대한 여러 가지 은유적인 생각을 하지 않을 수가 없다. 의학이 발달하기 이전에 질병의 원인을 찾거나 치료를 위해 신에 의지한 것처럼, 정령 잊고 살아온 문제에 어떤 재앙이라도 내린 건 아닌지 돌아보게 된다.

  마주 앉아 이야기를 나누었다. 입을 크게 벌리고 소리 내어 웃기도 했다. 한 냄비에 여러 개의 숟가락을 꽂아 놓고 달그락거리며 정도 나누었다. 이랬던 소소한 일상도 오래전의 일인 것 같다. 숨죽이며 머리를 조아리니, 헛발질하며 아등바등 살아온 지난날마저도 그저 감사할 뿐이다.

코로나로부터 자유로운 사람은 없다. 가진 자도 권력자도 평등하게 무릎을 꿇렸다. 이들의 머리에 쓰고 있는 코로나도 이참에 벗어 버리라고 한다. 그 어느 것도 내 것이 아님을, 세상에 내 것이 없음을 알고 욕심을 버리라 경고한다. 항거할 수 없으니 그저 굴복한 척 엎드려 해방의 날을 기다려야 할까. 무엇이든 설 자리를 잃으면 스스로 물러나 소멸에 이른다. 그러니 타인을 배려하고 자신을 책임지며 소멸의 날을 기다려야겠다.

숨바꼭질이라도 하자는 양 숨어 있다가도 끝내 들키고 마니 코로나바이러스, 오래 숨어 있지는 못할 것 같다. 장마가 유난히 길어도, 폭설이 겨우내 이어져도 계절은 지나가듯이 바이러스도 하나의 자연현상이기 때문이다. 이왕이면 역할을 다하고 떠나는 가을 낙엽과 함께 소명을 끝내 주었으면 좋겠다.

"코로나만 지나가면……." 이 말에 담긴 욕망은 코로나 이전을 꿈꾸게 하지만, 은폐와 고립을 자처한 결과가 어떤 모습일지는 우려된다. 소를 잃고 고치는 외양간은 더 치밀하고 튼튼하다. 안전한 일상을 위해 건강한 습관을 만들고 샐 틈 없는 방어벽을 세운다면 훗날, 지금의 코로나 팬데믹도 유의미했던 시간으로 회자되지 않을까. 참으로 피곤하고 숨 막히는 신경전이다.

길들이기

사랑스러운 나의 왕자님. 그와의 첫 만남은 중학교 1학년 때였다. 예고나 예정도 없었던 어느 날, 뜬금없이 내 방으로 들어온 그를 만났다. 언니나 오빠 중 누군가의 초대에 응했던 것인지, 길게 드리운 망토를 입고는 어울리지도 않는 긴 칼을 뽑아 든 채였다. 권위를 장착한 외관과 어울리지 않게 맑고 여린 영혼을 느낄 수 있었다. 그해 여름, 별이 빛나는 밤하늘을 보며 소행성 B612호를 상상했다. 그는 자신의 별로 돌아갔을까. 새로운 별을 가졌을까.

아무런 뜻도 의미도 모른 채 짧은 동화책을 싱겁게 읽었다. 꼭 읽어야 하는 좋은 책이라는 인식만 가지고 있었던 때였다. 마지막 책장을 덮으며, '이게 무슨 좋은 책인가!' 했던 것은 어른을 위한 동화에 대해 이해가 부족해서였다. 중절모와 상자를 그려 보이며 "이 안에 무엇이 들었는지 아는가?" 척을 하기도 했고, 빈 상자에 꿈을 그려 넣기도 했다. 피상적인 이해만 했으면서도 '쌩떽지베리'라는 우스꽝스러운 이름은 잊히지 않았다. 뜬금없이 생각나 되뇌기도 했던 이름이었으니, 여러 번 새겨 가며 읽을 인연이었던 것 같다.

'뱀이 코끼리를 어떻게 삼키며, 야금야금 갉아 먹어도 이걸 어떻게 다 먹을 수 있겠나. 다 먹기 전에 지가 먼저 죽지. 코끼리를 삼키고도 멀쩡할 수가 있나.' 이런 생각을 하며 눈에 보이는 대로 해석을 하기도 했다. 중요한 것은 눈에 보이지 않으니 마음으로 보라는 교훈적 요소는 남겼던 것 같다. 길들임에 대한 이해는 중학교 1학년의 수준 그만큼이었다.

 아이들의 손을 잡고 도서관을 다니던 그때가 참 좋은 시절이었다. 아이들이 초등학생이 되었을 때 우리는 함께 『어린 왕자』를 읽었다. 작가의 이름도 외래어 맞춤법에 따라 '생텍쥐페리'로 부드럽게 바뀌어 있었다. 서른 중반에 다시 만난 어린 왕자를 통해 비로소 삶의 진리를 알 것 같았다. 태어났기에 살아내야 하는 인간을 향한 가련함은 측은지심이 되어 눈물로 흘렀다. 정화된 감정은 매년 새해가 되면 만날 것을 약속했고, 이때부터 나만의 상자를 다시 그리며 한 해를 설계했다. 새해맞이를 기념하며 연례행사처럼 『어린 왕자』를 읽었다. 눈에 보이지 않는 그 무엇에 의해 움직이고 있는 세계에 감응하며, 나도 세상의 한 부분으로 자리 잡았다. 가랑비에 옷이 젖듯 그렇게 세상과 타협하고 화합했다.

 유행가의 노랫말처럼 살고 싶었던 기억을 떠올렸다. 서로 사랑하며 행복하게 살기 위해 이 세상에 태어났다던 목사님의 설

교가 들려왔다. 오래전에 입력돼 있던 소망들이 사진처럼 펼쳐졌다. 희생이 곧 사랑이라는 각성은 참고 인내할 수 있는 마음자리를 내주었다. 눈에 보이지도 않는 그 무엇을 꿈꾸며 주부로서의 일상에 만족했다.

무엇보다 아이들을 하나의 주체로 보며 이해의 폭을 넓혔다. 그래도 늘 부족했고, 아이들은 부족한 어미를 이해하기도 하고 사랑으로 안아 주기도 했다. 어린 왕자처럼 순수하고 해맑은 따뜻함으로 정서적 안정처가 되어 주었다. 어쩌면 아이들이 나보다 더 관대했는지도 모른다. 가족에게만 집중하며 안주해 버린 이 시기를 아프게 후회하기도 했지만, 돌아보면 내 생애 가장 빛나게 행복했던 때였다.

어린 시절의 불평등이 생각날 때는 나도 귀한 자식이었을 것이라는 이해와 관용으로 서운했던 감정도 녹여 내릴 수 있었다. 따분하고 진부하기만 했던 부모님의 사랑이 내 안에 감성으로 자리 잡으면서, 시대적 상황을 이해하고 세상을 바라보는 안목을 확장시키게 되었다. 어머니가 남긴 생활 방식과 대를 이어 온 전통이야말로, 진정한 길들이기이자 사랑이었음을 비로소 깨닫게 되었다. 스물세 해 동안 세상을 살아갈 힘을 길러 주고 떠난 어머니는 이제 슬픔의 대상이 아니게 되었다.

능력이 부족해서였을까. 이러한 깨달음도 세계와의 갈등 속에서는 소용이 없었다. 아이들은 또박또박 자신의 의견을 당당히 말했다. 길들임을 거부하며, 자신들의 개성과 자유가 존중받기를 바랐다. 세대 간의 차이는 신문물의 영향과 관계 사이의 간극을 이기지 못하고 좌절을 겪기도 했다. 나 역시도 길들임을 거부하며 발버둥을 친 날이 있었다. 서로 다른 가치관에 맞추느라 곤욕을 치르기도 했다. 예속 없는 자유를 갈망하면서도 결국, 구속 같은 길들이기에 백기를 들었다. 소극적 자유를 누리며 주어진 시간 안에서 최선을 다했다. 그리고 편한 길을 걸었다.

그만큼의 눈물을 감수해야 얻어지는 그 무엇을 위해, 남편과 나는 서로를 길들여 여기까지 왔다. 고마워하거나 인정해야 하는 존중은 격의 없는 오랜 길들임에 묻히고 말았다. 익숙해진 관계는 너와 내가 없다. 힘이 빠져 겨루지도 못한다. 서로에게 소비한 시간이 아까워 돌아설 수 없으니 잘 길들었을까. 나는 지금도 풋내 나는 과일처럼 텁텁하기만 한데, 달보드레하게 익을 날은 언제쯤일까.

어린 왕자가 지구로 떠나오기 전에 만난 여섯 명의 어른은 관계 맺음이 안 되는 사람들이었다. 각각의 소행성에서 자기만의 세계에 빠져 있던 왕·허영꾼·점등가·주정뱅이·사업가·지리학자는 어린 왕자에게 있어 이상한 어른이었다. 이들은 권력과 자기 학대, 허망함, 물질만능주의에 물들어 있는 사람이었다. 이 이상한 어른들이 만들어 온 지금의 세상에서 길들이기는 심리적 압박Gaslighting이나 주도권Hegemonie이라는 권력에 의한 부정적 의미로도 쓰인다. 개인의 자유가 더 우선시되는 사회에서 길들임은 구속의 의미이기도 하다.

  길들이기란, 원래 내 것이 아니었으나 관계를 통해 받아들이고 그것이 내 것이 되게 하는 보수적인 전통사회의 가치관이었다. 가정사든 세상사든 살아가는 일은 길들이기의 과정이고, 미래의 삶도 세계와 타협하고 세상에 길들이며 살아갈 수밖에 없다. "우리는 모두 누구의 가슴에 핀 평범하면서도 특별한 꽃이다. 특별한 꽃도 관계가 없다면 그저 평범한 꽃에 불과하다. 관계를 맺기 위해서는 참을성이 있어야 하고 책임을 져야 한다."라고 충고해 준 여우는 어린 왕자에게 있어 지혜로운 현자였다. 뒤늦게 발견한 사랑에 책임을 지기 위해 장미의 곁으로 돌아간 어린 왕자는 여행을 통해 한층 더 성숙해졌다고 볼 수 있다. 여우와 뱀을 만나지 못했다면 그는 아직도 지구의 어느 곳에서 치열하게 살고 있을지도 모른다.

  이후에 독서토론회에서도 십 년 간격으로 두 번을 더 읽었으니 외울 수 있을 정도가 돼야 하는데 아직도 그 깊이를 모르겠다. 그저 읽을 때마다 새로운 발견을 하고 인생의 지침서로 삼고 있다. 나이에 따라 책을 읽고 해석하는 기준이 달라지는 것을 보면, 앞으로는 무엇을 발견할 수 있을지 기대가 된다. 차가운 이성보다는 서로의 감정을 이해하고 기쁨을 줄 수 있는 감성적 길들이기를 실천해야겠다. 어린 왕자와 장미의 관계처럼.

 마음이 헛헛하거나 진한 눈물이 필요할 때면 에너지를 충전하듯 은밀하게 어린 왕자를 만나고는 했다. 눈에 보이지는 않지만 중요한 그 무엇을 위해 세월의 꽃밭에서 철없이 살았음을 깨닫는다. 내 생은 『어린 왕자』에 길들여져 여기까지 온 셈이다. 희비가 엇갈리는 삶의 이정표 같은 책이라고 할 수 있겠다.

구독자로서

"어떤 죽음을 원하십니까?" 한 일간지 칼럼*의 머리말이다. 철학을 하는 것은 죽는 법을 배우는 일이며, 살면서 죽음에 관해 생각해 보는 것이 죽음의 공포를 잠재운다는 내용이 이 글의 요지다. 죽음에 대한 성찰을 요하는 칼럼인 만큼 죽음의 존엄을 기린다는 러시아 문학 작품 속 죽음과 몽테뉴와 체호프의 죽음을 소개했다. 칼럼은 철학적 사유는 문제해결에 도움이 되지 않는 아이러니라는 전제하에 두 문호의 글을 인용하고 해석했다.

글쓴이는 "농부란 문명사회의 허위와 탐욕에 물들지 않는 하층민을 의미한다."라거나, 하층민인 그들이 죽음 직전에 용서를 빌고 가진 것을 나누는 행위에 대해서는 "평생의 고단했던 삶에 대해 그들이 보여 준 마지막(어쩌면 최초)의 예의였다. 자연 이외에는 아무 혜택도 누리지 못했던 탓에 오히려 진리와 가까울 수 있었다. 두려움 없이 당당하게 잘 죽는 사람은 정작 생각하지 않는 이(가령 농부)들이었다. 흥미로운 점이 가난한 농부도 자신의 사후 처리만큼은 신경을 썼다."라며 글을 전개했다.

죽음의 존엄을 기린다며 하층민의 죽음을 소개하면서도 가난한 농부가 사후 처리에 신경 쓰는 것을 흥미롭다거나, 죽음 앞에서 나누는 것을 최초의 예의였다고 말한다. 농부다운 사후 처리는 어떤 것일까. 농부의 죽음을 이상적으로 본 톨스토이의 죽음관을 소개하면서도 농부는 하층민이라는 18세기적 사고에 머물러 있다는 생각을 하게 된다.

죽음 이후를 준비한다는 것은 삶에 대한 통찰이자 존엄을 실천하는 것이기도 하다. 삶을 끝까지 책임지려는 마음이자 마지막으로 남기는 품위일 수도 있다. 이런 의지를 흥미롭게 볼 일은 아닌 것 같으니, 친절한 해석이 오히려 역효과를 내버린 아이러니한 상황이라고 할까.

작품 속에서 하층민으로 지칭되는 그들이 스스로 아무런 혜택도 못 받은 존재라는 자각을 하며 살았을 것 같지 않다. 자연에서 질서를 익히며 순리대로 살았을 그들이 과연 불행한 삶을 살았을까. 죽음에 대해 진지하게 생각해 보자는 뜻보다, 죽음마저도 지성인과 하층민으로 나누어 계층화시킴으로써 읽는 사람의 반감을 불러일으킬 여지를 담았다. 나만의 생각일까.

문제해결에 있어 철학은 현물 같은 도움이 되지는 못하지만, 한 인간의 철학적 사유는 곧 그의 삶이 된다. 그 삶이 어떠하든 누구나 자신의 철학을 바탕으로 살아가기 때문이다. 글을 모르는 농부라고 생각이 없는 것은 아닐 것이다. 농부를 생각이 없는 존재에 하층민이라거나, 죽음 앞에서 가진 것을 나누는 행위가 최초의 예의였다고 한 것은, 글쓴이의 농부에 대한 편견이자 각계각층의 독자에 대한 배려가 부족했던 것 같다. 그 시대 사회가 농부를 어떻게 보았는지에 대한 관점이라도 제시했더라면 시대상으로 해석했을 것이다.

몽테뉴는 16세기, 톨스토이는 18세기를 살았던 인물이다. 그 시대는 문맹이 대부분이었고 인권에 대한 지각이 현대와 같지 않았을 것이다. 농사는 보통 사람들의 직업이었고, 농사를 지을 땅이 없는 사람들은 시대가 터부시하는 직종의 일을 했을 것이다. 신분제 사회였으니 그들을 하층민으로 분류했을 수도 있다. 몽테뉴에 의하면 하층계급은 철학적 사유 없이 담담히 죽음을 받아들였으며, 톨스토이는 하층민의 죽음과 귀족의 죽음을 비교해 문학작품으로 그려 냈다. 그 시대의 상황이 작품으로 남겨졌다고 본다.

현대사회에서도 농사일보다 더 힘든 직업군이 있다. 그렇다고 해서 그 일에 종사하는 사람을 하층민으로 분류하지 않는다. 하층민이라는 단어는 자조적으로 쓰이거나, 학술적 연구 또는 문학작품 안에서 쓰인다. 일반적인 지칭으로 쓰기에는 조심스러운 단어로 죽음을 분류해 놓으니, 죽음관마저 사회적 계층에 따라 구분을 했다는 생각이 든다. 농부의 청빈했던 삶에 대한 예찬이라든지 지성인의 허위와 탐욕을 비판하는 내용이라도 있었더라면 감정의 치우침 없이 읽었을 것 같다.

도시 태생의 사람들은 자신을 농사와 무관하다고 여기는 경우가 있다. 농사를 짓는 사람은 무지하다든가 지혜롭지 못하다는 말로 폄하하기도 한다. 삶의 만족도를 '농사를 짓지 않고 사는 것만으로 복된 삶'이라 말할 때는 농사일의 힘듦을 아는구나 싶다가도, 생명을 살리는 일이 농사라는 것을 안다면 이런 말을 하겠나 싶은 것이다. 첨단기술을 융합해 고부가가치형 미래산업의 길로 가고 있는 농업에는 기대하면서도 농부에 대한 선입견은 여전하다. 농사의 근본을 모를 리 없으면서도 오랫동안 개인 또는 직업군의 자존심을 침해하는 말로 쓰이고 있으니, 잡초 없이 잘 가꾸어진 농작물을 헤집는 것 같아 유감스럽기도 하다.

농사를 짓는 부모님의 자식으로 태어나 내가 자란 환경은 온통 논과 밭이었다. 나의 진정한 스승은 주변의 농부였다. 말이 어눌하거나 정돈된 문자 사용 능력이 부족해도, 어진 품성을 가진 그들은 생각이 없거나 나눌 줄 모르는 인색한 사람들이 아니었다. 묵묵히 주어진 일을 하고 공동체의 일원으로서 협력하며 서로의 다름을 받아들였다. 학문으로 깨우치지는 못했어도 자연 속에서 스스로 익히고 성찰한 결과로서의 지혜와 순박한 겸손일 것이다. 그들은 산 위의 못생긴 소나무 같은 존재가 아니었다. 농부를 학력이 낮고 가난한 노동자로 보는 시각은 언제쯤 사라질까.

농어촌 사람들의 인심을 말할 때 빈번하게 듣는 말이 있다. 시골도 옛날 같지 않다는 것이다. 이것은 나는 변해도 너희들은 변하지 말고 그대로 있으라는 이기심이자 편견이 된다. 인심이 각박해지는 것은 도시와 시골의 차이가 아니라 사람이 달라진 데 원인이 있다. 도시의 변화는 스마트한 현대성의 승리로 인식하면서, 변하지 않는 시골이 되기를 바라는 것 또한 아이러니다. 지혜가 없고 무지해야만 시골 사람답다는 뜻이 아니었으면 좋겠다.

신문의 칼럼을 읽을 때는 글의 주제보다 글쓴이의 관점을 먼저 보게 된다. 글을 쓰는 시선을 따라가 보면 공감과 비평의 경계가 뚜렷해지기 때문이다. 이런 습관이 칼럼의 주제보다 농부를 바라보는 시선에 꽂히고 말았다. 해석의 차이를 인정하더라도 엉뚱한 방향으로 칼럼을 왜곡시키는 건 아닐까 살짝 걱정이 되기도 한다. 글을 쓰는 사람으로서, 읽는 사람의 경험이나 관점에 따라 다르게 읽힐 수 있음을 늘 염두에 두어야겠다고 생각하게 된다.

글은 생각을 표현하는 수단이자 지성이 드러나는 말이 되기도 한다. 일간신문에 게재되는 글은 사회적 책임이 따른다는 누구나 알고 있는 상식을 잠깐 잊었던 걸까. 사회의 지성인으로 자부하거나 기득권이 있다는 이유로 타인 또는 어떤 직업군을 깎아내리는 글은 받아들이기 거북하다. 정보를 알리고 주장도 해야 하는 신문이지만, 칼럼만큼은 독자의 마음에 따뜻하게 가닿을 수 있었으면 좋겠다. 몽테뉴의 죽음관에 공감하면서도, 낙엽이 지는 가을이라 그런지 죽음에 대한 화두가 씁쓸함을 더한다.

* "어떤 죽음을 원하십니까?", 김진영, 2021.11.9. 〈조선일보〉.

내훈

첫아이를 낳고 얼마 지나지 않았을 때 형님이 편지를 보내온 적이 있었다. 그때까지 형님과는 한 번의 만남이 있었다. 서울과 거제의 거리만큼 우리는 지금도 자주 만나지 못하는 동서지간이다. "우리는 무엇으로 정이 들까!" 하셨던 형님이 먼저 편지를 보내와 우리는 서로 편지를 주고받으며 동서의 정을 나누었다. 조용하고 단아한 형님의 이미지처럼 곱게 써서 보내온 편지 속에는 소혜왕후 한 씨의 글귀가 적혀 있었다.

맑고 고요하고 다소곳하며, 절개를 지키고 바르게 처신하고 모든 행동에 부끄러움을 알며, 몸을 움직이는 데에도 법도가 있다면 이것이 곧 부덕. 즉 여자의 덕이라는 것이다.

『내훈』은 그렇게 나와 인연을 맺었다. 삼종지도를 최고의 덕목으로 보던 조선시대 여인들의 필독서라는 것은 알고 있었지만 읽어 보지는 않았기에 도서관을 찾았다. 현대 여성들이 공감할 만한 부분이 많지 않을 것이라 예상하면서도 읽어 볼 기회라 여겼다. 성종의 어머니인 소혜왕후 한씨(인수대비)가 궁중의 비빈과 부녀자들을 훈육하기 위해 펴낸 책으로『소학』, 『명심보감』,『여교』,『열녀』등의 책에서 부녀자들의 행실과 도리에 긴요한 부분만을 간추려 놓은 책이었다. 고전을 읽는 것은 온고이지신이라는 큰 뜻보다, 시대가 바뀌어도 변하지 않는 진리가 거기에 있기 때문이다.

  말과 행동을 바르게 하라, 부모님께 효도하라, 혼인의 예를 다하라, 부부의 도리를 지켜라, 부모와 자식의 관계는 자애롭되 엄격하라, 동서 간의 우애는 형제와 같이하라, 소박한 삶을 살라는 내용이었다. 익히 알고 있는 내용이었지만 마음에 새겼다. 이 책을 처음 접했을 때 내 나이 서른이었다. "오직 순종해야 한다." 혹은 "매를 맞아도 원망하지 말라."라는 구절은 여성의 정체성을 뒤흔드는 말로써 받아들이기 어려웠다. 어이가 없어 웃은 것 같기도 하다. 출가외인, 삼종지도, 칠거지악 등 여자의 권리를 박탈하고 자유를 억압하거나 착취하는 내용은 조선시대에도 환영받지 못한 제도였다고 한다. 그 시대를 이해하는 마음으로 읽었다. 구어체로 되어 있어 왕비로부터 직접 훈육을 듣는 기분을 느낄 수 있는 것은『내훈』을 읽는 맛이다.

  형님은 도서 박람회에서 산 책갈피에 말린 장미 꽃잎을 넣어 보내 주기도 하셨다. 가을에 추수한 수확물이라며 나팔꽃 씨앗을 편지 봉투 속에 넣어 보내 주신 적도 있었다. 말로만 듣던 서울의 강남 한복판에서 꽃씨를 따고 꽃잎을 말리는 형님을 생각하며 홀로 미소 짓기도 했다. 형님은 한 번의 만남으로 새내기 동서를 꿰뚫어 보셨는지, 열세 살의 나이 차에도 우리는 감성적으로 잘 통했던 것 같다.

형님은 가끔 하는 전화 통화에서 아주버님을 향한 사랑을 살짝살짝 내보이기도 하셨다. 모시 한복 차림의 아주버님이 붓글씨를 쓰고 난을 치는 모습이 학처럼 고고하다고 하실 때는 형님도 조선시대 여인처럼 살고 있을 것 같았다. 모시 한복 차림의 아주버님을 뵌 적이 없었는데도 아주버님과 모시 한복이 참 잘 어울릴 것 같았다. 어느 여름날 형님네 가족이 우리 집으로 오신다는 연락을 받았을 때, 아주버님이 모시 한복을 입고 오실까 기대하기도 했다.

두 분은 열네 살에 친구로 만나 가난했던 청춘의 시기를 함께했다. 친구이자 연인으로 지내다 결혼을 하셨다. 형님이 들려주신 중학 시절의 에피소드는 동화처럼 맑고 풋풋해서 사랑스럽기까지 했다.

돌이켜 보면 『내훈』의 이 한 구절은 나의 부족한 덕을 채워 주기 위한 형님의 마음이지 않았나 싶다. 나의 처지가 막막하고 힘들 때는 여성을 옥죄고 억압하던 시대에 태어나지 않은 것만으로도 위안이 됐다. 일부 페미니스트와 여성 운동가들은 『내훈』의 단면만을 근거로 불합리를 비판하고 평등을 주장하기도 하지만, 고전을 충분히 이해하지 못한 목소리로 느껴져 안타깝기도 하다. 잘못된 해석으로 여성을 억압했던 오래전 남자들의 이야기도 마찬가지다.

위의 소혜왕후가 쓴 글귀에서 여자를 '사람' 또는 '인간'으로 바꾸면 이 책은 여성에게 한정된 글에서 벗어나 품격 있는 인간을 대상으로 한 글이 된다. 남녀노소 모두가 읽고 토론하기 좋은 책이라 결혼을 생각하는 커플이 있다면 함께 읽어 볼 만하다. 서로의 가치관을 발견할 좋은 기회이자 약속의 시간이 될 것이다.

문득 내 나이에 전율이 느껴질 때가 있다. 나이의 숫자보다도 어쩔 수 없이 늘어나는 얼굴과 몸씨의 살들이 나이를 실감나게 할 때 『내훈』은 부족한 나를 직면하게 했다. 그 부족함은 마음을 가라앉히고 타인을 너그러이 대할 수 있는 아량이 되었다. 내가 부족한데 누굴 탓할 수 있으랴.

아무것도 모른 채 가정을 이루고, 더 큰 울타리의 가족관계에 적응하기도 전에 부모가 되었다. 사랑이 넘치면 교육이 느슨해지고 교육을 앞세우면 사랑에 목말라하는 일상이 반복되기도 했다. 부모로서 무거운 책임감을 느끼면서도, 삼십 대의 나는 그렇게 미숙했었다.

젊은이들에게는 고리타분하게 느껴질 만한 책이다. 이런 책을 읽는다는 말은 차마 하지 못하고 혼자 조용히 찾아 읽는다. 아직 어린 딸들에게 읽기를 권유했다가 따가운 눈총을 받진 않을까 조심스럽다. 아이들이 결혼할 시기가 되면 은근하게 읽기를 유도해 봐야겠다. 딸들의 원성이 귀에 들리는 듯하다.

*

이 글은 독서 감상문 공모전에 응모한 작품이다. 서른 살의 일화를 마흔 살에 썼고 이후 또 20년이 지났으니, 행간의 어린 마음이 쑥스러운 글이다. 기록하지 않았다면 기억에서 사라진 지 오래일 것이다. 한때의 철없던 생각을 마주하고 보니 형님과 나누었던 정이 새삼스럽다.

이십 년의 시간 동안 나는 별반 달라진 것 없이 살아가고 있다. 현재를 살고 있기 때문인지, 정신적 유산의 전달력보다 세태의 변화가 빨라서인지, 인격이 부족해서인지, 남편과도 부딪히고 아이들에게도 자애로운 어미가 되지 못했다.

변화가 있었다면 동화 같은 이야기의 주인공이셨던 아주버님께서 세상을 떠나신 것이다. 열네 살의 까까머리와 단발머리로 만나 노트를 주고받으며 호감을 나누었던 어린 커플은, 서로의 단 한 사람으로 결혼이라는 바다에 들었다. 친구에서 부부로 살아온 시간은 이제 형님의 것으로 남았다.

형님은 당신 삶의 절반을 떠나보내시고 홀로 낯선 길에 서 계신다. 미처 나누지 못하고 남은 이야기로 밤을 적시는지도 모르겠다. '무엇으로 위로할까.' 하면서도 형님 곁의 고요하고도 쓸쓸한 공허함을 위로해 드릴 적당한 말을 찾지 못해서, 휴대전화만 들었다 내려놓기를 되풀이한다.

그 뜨겁던 여름날, 형님은 모든 추억과 사랑을 담아 별을 그리는 언덕에 아주버님을 모셨다. 이제 나의 상상은 모시 한복을 입은 형님이 그리움의 언덕을 오르고, 한 송이 백합이 되어 산소 앞에 앉은 여인의 모습으로 대체된다.

어쩌면 봄날일지도

소셜미디어가 묻는다. 너는 인생에서 몇 번째냐고. 인생의 순위를 묻는 아침 인사가 사뭇 무겁다. 순위에서 밀려난 여성들에게 조언을 주기 위한 질문을 던져 놓고는 자신을 사랑하란다. 자신이 어떤 사람이었는가를 잊지 말고 당당히 살라 한다. 진지하게 생각해 본 적이 없는 질문이다. 한번 웃고 버릴 만한 문장이 가슴에 얹혔다. 난 어떤 사람이었나.

계절마다 푼푼했던 먹을거리는 행운이었을까. 먹는 즐거움을 채워 준 부모님이 계셨기에 배고픔을 몰랐다. 건강했기에 배움도 즐겁기만 한 어린 시절이었다. 무엇보다 입으로 뱉어내는 말이 문자가 되는 것이 무척 재미있었다. 위인전을 즐겨 읽으며 역사적 인물이나 역경을 이겨 내고 업적을 이룬 사람들의 이야기를 자연스럽게 가슴에 품었다. 도전과 목표 의식이 생기는 것을 느낄 수 있었다. 어른이 되는 것은 위인들처럼 사는 것이었기에 위인전은 내 마음 안에서 빛나는 별과 같았다. 감정을 자극하는 무엇이 있을 때마다 꿈을 꾸고 상상했다. 찾아가는 방법을 몰랐기에 상상은 뜬구름과 같았고, 어른들의 시각으로는 허무맹랑했다. 치기 어린 개인적 우화 같은 것이었을지

언정, 가슴을 뜨겁게 해 주는 꿈이 있었다.

　나를 우선순위에 두고 싶었던 때가 있었다. 어렸던 날의 철없는 무모함일지라도 미래를 꿈꾸는 상상은 건강한 욕망이요, 상승하고자 하는 욕구였다. 내가 누구인지 안다는 뜻이기도 했다. 그러했음에도 우선순위는커녕 관심조차 받지 못한 좌절의 기억이 많다. 더 높이 더 멀리 날고 싶은 마음을 가슴에만 품은 채 목소리도 내지 못했다. 안 된다는 거절의 수만큼 포기를 해야 했다. 어린 나이에 깨달은 현실은 내 능력만으로는 부족하다는 섣부른 판단으로 이어지고, 의욕은 그렇게 사라져 갔다. 말 잘 듣는 아이가 되어 속이 빈 나무처럼, 허깨비처럼 살았다. 먹어도 배가 차지 않는 헛헛한 심정으로 보내 버린 어린 날의 결정은 안타까운 후회로 남아 심란한 날들이 많았다.

　'하면 된다.'라는 중학 시절의 급훈은 가을 서리처럼 힘이 있었다. 청소년기의 소신을 키워 주기에 충분했으나 욕구가 커지는 만큼 현실과의 괴리도 커졌다. 무력한 내가 할 수 있는 일은 부모님의 뜻에 따르는 길밖에 없었다. 포기와 좌절의 경험은 무기력이라는 후줄근한 길을 따라 여기까지 온 것 같다. 인생의 과업이란 것도 이루지 못한 채 중년이 되었다. 아직도 표류 중이다.

　고등학교 때의 적성검사는 사회과학 분야에 높은 점수를 주었다. 사회를 모르는 나이였으니, 내 안의 궁금증과 뉴스를 보며 가졌던 사회비판적 생각이 그렇게 나타났을 것이다. 계기가 되었을까. 어린이 시절에 위인전을 읽으며 쌓아 온 생각들이 구체화됐다. 이 사회를 위해 뭔가를 해야 한다면 약자의 편에서 할 수 있는 일을 해야겠다 생각을 하며 고등학교 시절을 보냈다. 그 일을 위해 종자를 모으고 씨앗을 발아시키는 궁리를 하다 잠이 들기도 했다.

  청맹과니의 어설픈 꿈도 어머니의 얼굴에 화색이 돌면서 서서히 잊혔다. 봉투째 들여 준 나의 적은 월급은 어머니를 기쁘게 했고, 어머니의 환해진 얼굴은 나의 기쁨이기도 했다. 직장 생활 3년 만에 어머니를 여의고 그때부터 오롯이 통장의 숫자 놀이를 즐겼다. 숫자를 좋아하지 않으면서도 통장의 숫자 놀이는 재미가 있었다. 수입을 늘릴 방법을 모색하며 그 나이의 청춘들이 구가하는 것들을 모두 내려놓았다. 마음은 흔들리면서도 행동은 변함없이 직장과 집만을 오갔다. 그렇게 모은 쌈짓돈은 아버지가 운영할 작은 슈퍼의 인수 자금이 되어 통장에서 사라졌다. 삶에서 중요한 것을 질문하며 스스로 답을 찾은 선의였다. 나를 우선순위에 두었다면 받아들이지 못했을 것이지만, 가족의 안녕이라는 큰 숲을 먼저 생각했으니 포기할 수 있었다.

결혼 생활은 어땠을까. 굳이 말하지 않아도 알 만한 날들이 이어졌다. 아이들이 청소년으로 자라는 동안 나의 정신세계에도 맷집이 올라 배짱이라는 날개가 돋기 시작했다. 여유 시간을 이용해 봉사활동을 하고, 문화센터를 기웃거리며 어린 날 꿈꿨던 일들을 하나씩 접해 보는 재미가 있었다. 소박하고 평온한 일상을 꿈꾸던 당시의 내게 딱 맞는 선택이었다. 크게 기쁘거나 즐거운 일이 없어서였을까. 작은 것도 기쁘게 받아들이며 소소한 생활에 만족했다. 무탈하게 평온이 유지되는 것 또한 고마웠다. 욕구 위계에서 가장 기본적인 3단계까지만 충족하고도 자족했다.

둘째 아이의 대학 입학은 망설임도 없이 행동하게 했다. 아이들은 자신들의 길을 찾아갈 것이니 이제라도 내 안의 숨겨진 능력을 확인해 보고 싶었다. 때늦은 자각이었다. 쓸모도 없는 잡학을 익히느라 날갯짓을 하는 동안, 남편은 묵묵히 걸어온 직장 생활을 마감했다. 길었던 여정을 무사히 마치고 처마 밑으로 날아든 새처럼 날개를 내렸다. 그렇게 퇴직이라는 묵직한 명찰을 달았다. 퇴직자의 아내는 퇴직자보다 더 깊숙이 꽁지를 말아 감추고 날개에 힘이 빠지는 것을 느껴야 했다. 곳곳에서 포기가 싹을 틔웠다. 가장의 퇴직은 아내들을 분연히 일어나게 한다는데, 뭐든 하리라 했던 각오는 사라지고 막연한 불안이 심장을 건드리며 드나들었다.

늦은 공부는 현실에 도움이 되지 못했고, 내가 꿈꾸었던 것들은 허영과 한풀이에 불과했다는 뒤늦은 각성만 있었다. 나를 위해 산 시간은 나를 버린 시간이기도 했다. 새로운 바람 앞에 선 남편과 몇 년의 시간을 보내는 동안 포기에도 열매가 맺혔다. 그 씨앗을 따 깊숙이 저장해 둔 지도 오래다. 씨앗이 발아되어 새로운 용기로 바뀐다면 다시 창공을 향해 날아오를 수 있으려는지. 막연한 희망이 하염없기도 하다.

육신의 늙음보다 정신적 열정이 더 뜨거워서일까. 인류 역사에 업적을 남긴 위인이나 노벨상 수상자들을 보자. 그들 대부분은 일생을 통해 얻은 지식이나 연륜을 바탕으로 새로운 학설이나 가설을 발표한다. 그 나이가 예순 살 전후다. 그러니 일생의 열정을 발판으로 욕구 위계의 최상에 오를 수 있는 연령대는 바로 지금이다. 진정한 자아를 찾고 충분히 기능하는 사람으로 남은 생을 보내야 할 것 같은데, 나에게는 아직도 부족한 것이 많다.

내 안의 기개와 결기는 어디로 사라졌을까. 열망이 고개를 들 때마다 눌림을 당하고, 목까지 차오른 울화를 삭이느라 에너지를 소진했다. 하면 된다는 소신도 누르는 힘을 거역할 만큼 강하지 않았다. 악바리 근성도 절실함도 없었던 것 같다.

이제는 하고 싶은 것도 없어지고 있으니, 어리석었던 나의 생은 날아오르다 접고 또 날고 다시 접는 날갯짓만 하며 여기까지 온 것 같다.

후회 없는 삶을 위해 노력도 하고 인내를 실천하기도 했다. 늦었지만 파랑새를 찾겠다고 나서 보기도 했다. 그랬던 날들이 마치 헛된 시간을 보낸 것 같아 후회도 해 보았다. 분수를 잃은 선택도 잘한 일이었다고 자신을 다독이기도 했다. 흔들릴 줄 모르던 마음에 힘이 빠지는 걸 느끼기도 하고, 세월이 우리를 완성시켜 주지 못한다는 것도 알았다. 이러한 모든 과정은 나보다 가족을 위해 살겠다는 초심으로 돌아왔다. 이것만이 자신을 사랑하는 일이다. 순위에서 밀려난 것도 아니고 순위를 찾을 일도 아니다. 순위를 매길 수 없는 것이 인생이지 않은가.

생의 후반기를 맞은 시점에서 살아온 날을 돌아보게 했으니 소셜미디어가 좋은 질문을 해 주었다. 누구든 꿈을 꾸고 좌절도 하고 망각에 이르기도 한다. 꿈을 이루지 못했다고 안타까울 일도, 가슴 아플 일도 아닌 것 같다. 사라진 열망은 나의 것이 아니었다. 작은 그릇에 크고 많은 음식을 담을 수 없었으니, 주어진 그릇만큼 살아온 것 같다. 진정 내가 원한 건 지금의 내 모습이었다. 부대끼고 치이며 사느라 낮아진 자존심 저

아래에 단단하게 버티고 있는 자존감을 찾았다. 남아 있어서 다행이다.

묵혀 있던 오래전의 꿈을 슬며시 다시 꺼내 본다. 넓은 마당에 깔끔한 서재와 화실이 있는 집을 날마다 짓는다. 마당 가득히 꽃이 피는 집에서 삼대가 모이는 그런 날을 그려 본다. 그 꽃밭에서 사람들과 사부작거리며 자연처럼 살고자 한다. 이런 꿈을 여기 이 자리에서 하나씩 이루어 나가고 싶은데 나의 소망은 누구의 귓가에 메아리로도 닿지 못한다. 이러니 그런 날이 올까 싶어 내려놓다가도, 다시 꿈꾼다. 인생의 가장 풍요로울 봄을 그려 본다. 어쩌면 이런 꿈을 꿀 수 있는 지금이 내 인생의 봄날일까.

감사의 글

　오랜만의 떨림입니다. 내면을 드러내 보여야 하는 부담은 떨림이기도 하고 수줍음 같기도 합니다. 이런 부끄러움을 극복하느라 십오 년의 시간을 보냈지만 떨림이란 늘 새로운 감정입니다. 말과 글의 홍수 시대에 여물지 못한 생각들이 문자로 남겨지는 것을 경계하며 시선은 늘 낮은 곳으로 향했습니다. 한 걸음씩 물러서기를 하며 몸과 마음을 낮추고 그림자처럼 견뎌 온 시간이기도 합니다.
　글도 늙어 가니 더 늦기 전에 무대 위로 올리라는 선배님의 조언은 절묘했습니다. 풍파 한 점 맞지 않고 컴퓨터 속 파일로 붙박여 있었던 젊은 글은 푼수데기의 어설픔 같기도 하고, 신혼의 새색시가 차린 밥상과도 같았습니다. 읽자니 맛이 없고 버리자니 아까운 글을 살릴까 버릴까 고민하면서도, 어느 한 시기의 철없던 저를 차마 버리지 못했습니다.
　글의 행간 곳곳에서 한 시대를 풍미하고 사라진 단어와 패러다임을 발견한 당혹감도 컸습니다. 글이 사람을 따라다녔는지, 사람이 성장하지 못했는지 지금의 저와 글이 많이 닮았음을 발견하기도 했습니다. 흘러간 시간이 무색하게 여전히 서툴고 헤매고 모릅니다만, 모르는 것은 때로 용기가 되기도 하나 봅니다.

글 속에 등장하는 인물들은 저와 함께 경험하고 감정을 공유한 사람들입니다. 그들과의 인연이 나를 만든 것이라는 자각은 글을 쓰는 동안의 행복이었으며, 무한한 감사의 시간이기도 했습니다. 우리가 함께한 시공간의 세계는 그들과 나만 알고 있는 장소와 공간을 만나는 내밀한 즐거움이자 저를 빚어 온 시간이기도 했습니다. 저의 이름을 불러준 당신들이 계셨기에 참 나로 존재할 수 있었고, 그 부름이 온기가 되어 외롭지 않고 따뜻하게 살아갑니다. 이런 기억들이 모여 한 권의 수필집이 되었습니다. 진정으로 감사드립니다.

시간에 묻혀 사라지고 말 생각을, 글로 남기는 행위에 앞서 저는 늘 의미와 무의미 사이에서 갈등합니다. 저의 글은 저의 마음이자 바람이며, 마음보다 강할 때도 있고 끝없이 약해질 때도 있습니다. 이렇게 흔들리는 마음을 다잡고 중심을 바로 세우기 위해 사유하며 쓰기를 멈추지 못합니다.

글이 빚어지는 공간은 집을 떠난 아이의 방입니다. 원고를 감수하고 표지화를 그려 준 큰아이의 어린 시절이 방 안 곳곳에 걸려 있습니다. 낡아서 빛이 바랜 아이의 책들과 옷가지들로 어수선하면서도 빛으로 채워진 햇살방입니다. 초등학교 입학을 기념하며 선물했던 낡은 책상에 앉아, 아이가 겪었을 학창 시절의 어려움을 뒤늦게 체감합니다. 집을 떠나 혼자살이를 하는 아이의 미래가 이 방의 햇살처럼 밝고 따뜻하기를 소망합니다. 서가라고 하기에는 궁색한 작은 방에서 아이들의 행복을 기원합니다. 온전한 자유가 이 작은 방에 있습니다.

"문장이 허약하고 단단하지 못하다. 인과관계를 드러내지 못한다. 꼬장꼬장한 허세는 버려라. 사유의 결과와 누구나 알고 있는 상식의 차이를 분명히 하라"라는 냉엄한 조언은 달콤한 지지와 격려보다 더 큰 힘이 됩니다. 때로는 아집으로 밀어붙이면서도 회초리 같은 작은아이는 든든합니다. 겸손한 인간의 자세와 부모의 역할에 대해 끝없는 질문과 반성을 유도하는 저의 따끔한 스승입니다.

우연히 만나 도반이 된 문우들과의 만남 또한 귀한 인연입니다. 멀리 떨어져 앉은 섬처럼 외로워야만 하는 길로 인도해 주시고, 각각의 섬을 가꾸고 계신 숲의 선생님들께 감사드립니다. 선생님들의 격려로 이루어진 결실입니다. 뜸을 들이는 시간은 길었으나, 찰지고 구수한 밥을 제대로 짓지 못한 것 같은 한계는 이날 뒤*의 과제로 남겨 두려 합니다. 때를 놓쳐 머뭇

거리다 핀 꽃처럼, 그때의 저처럼 어수룩한 문장을 영원히 남깁니다. 얼굴 위로 노을이 붉습니다.

       2025년 가을, 옥명 푸른 집 햇살방에서

              구정순

* 이날 뒤: 미래에 다가올 모든 날을 통칭한 시부모님의 상용어. 결혼한 뒤에 배운 말로 문득문득 생각날 때가 있어 여기에 적어 기록합니다.